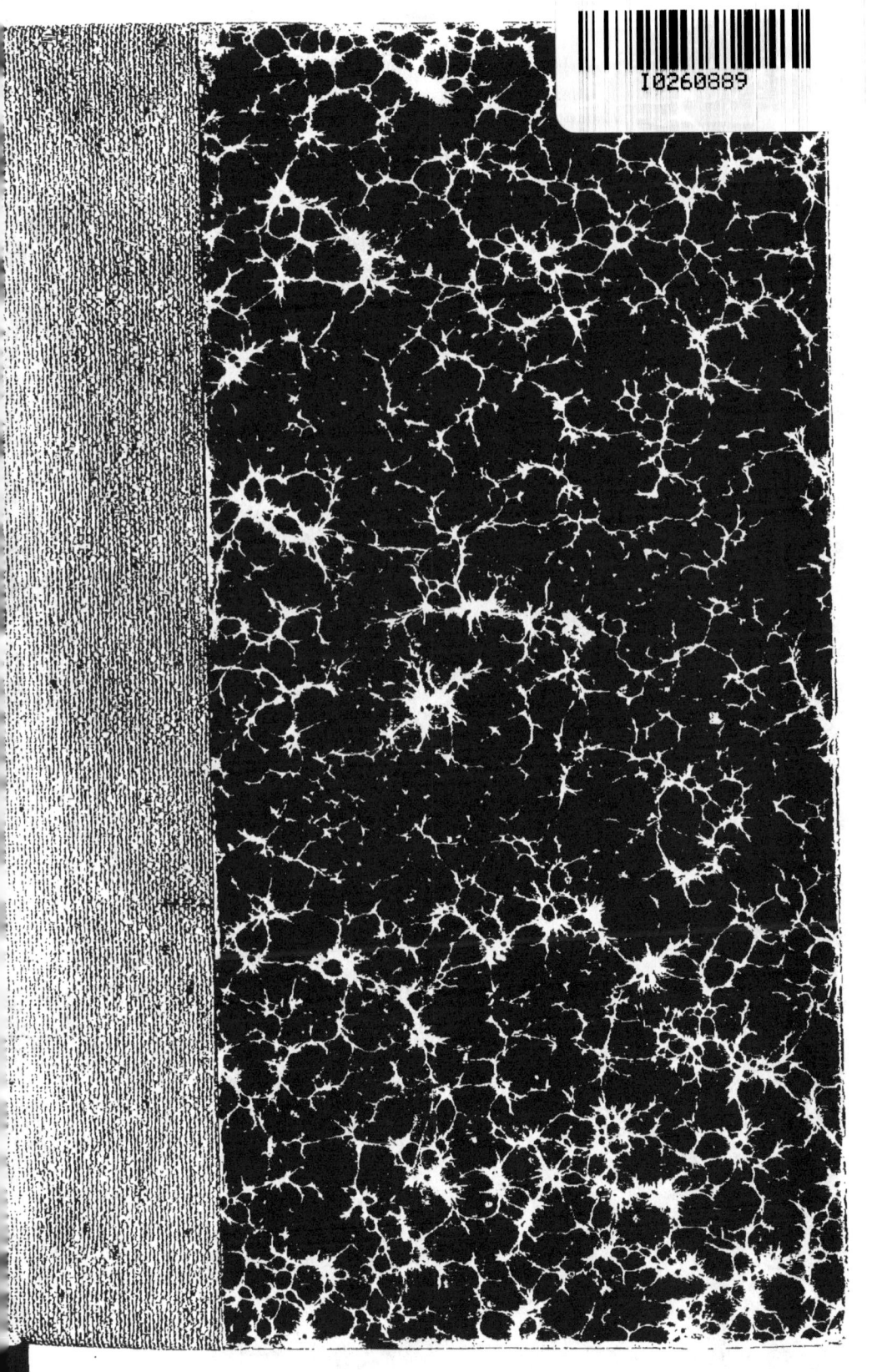

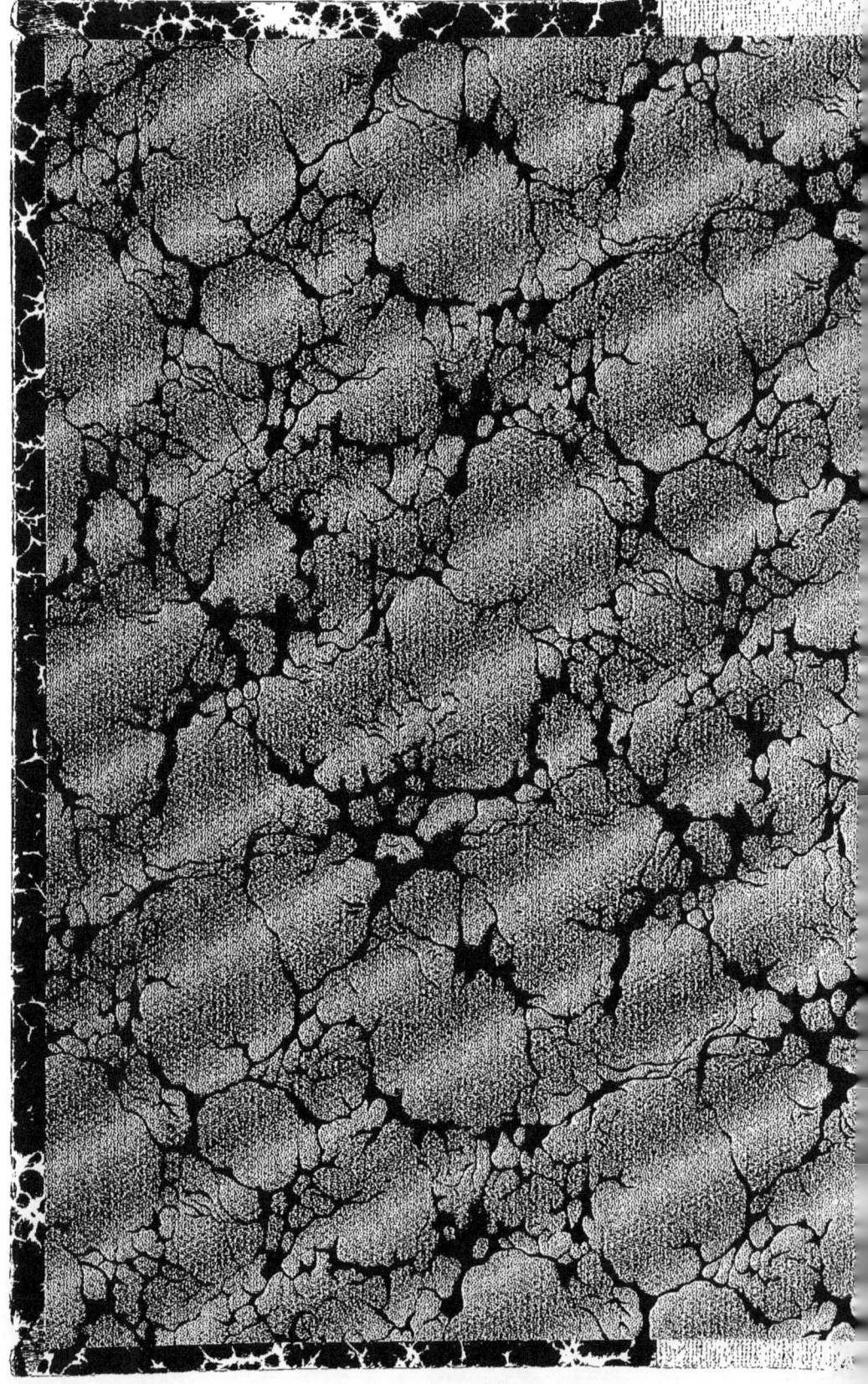

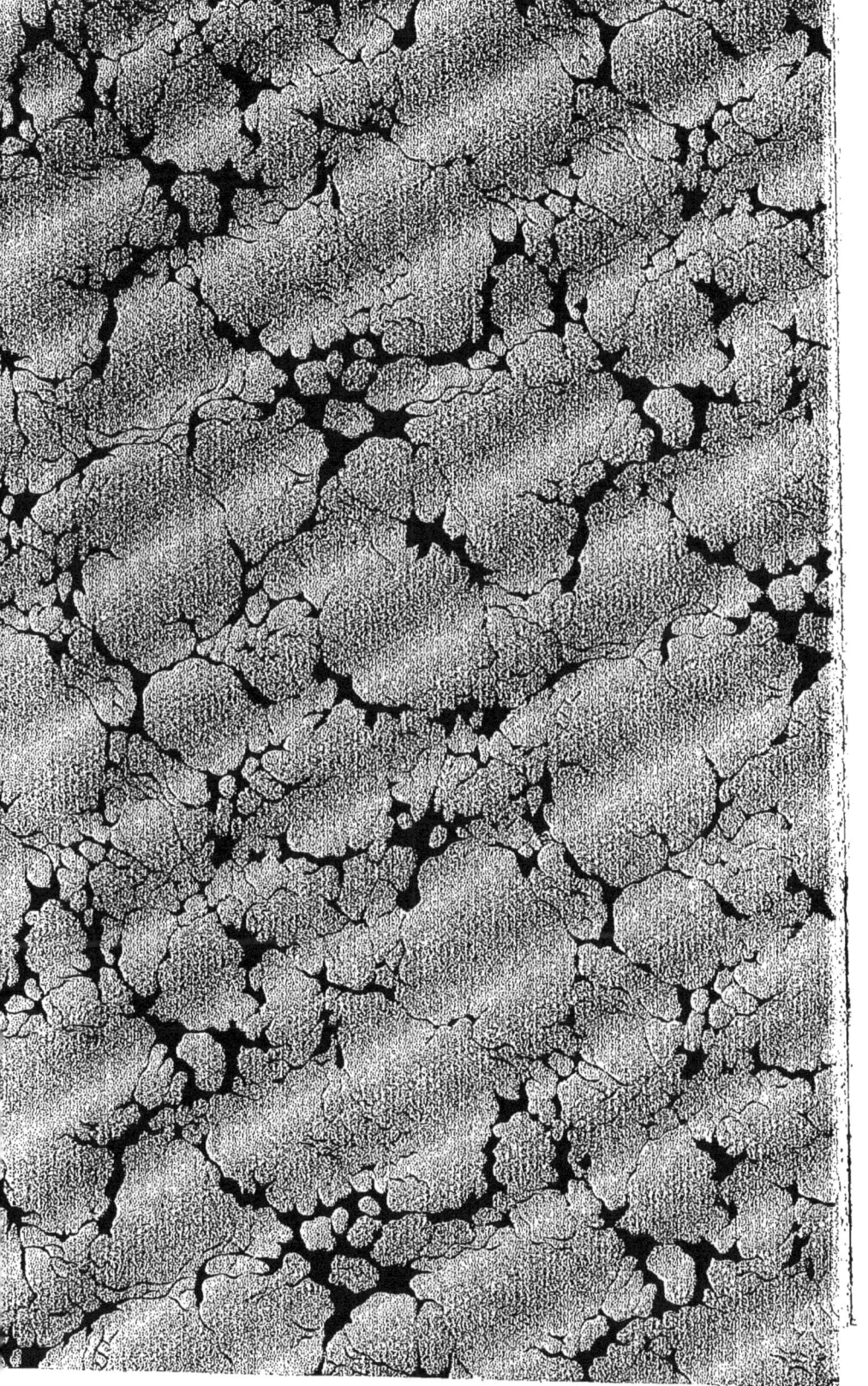

LES MÉLANCOLIES

D'UN JOYEUX

DU MÊME AUTEUR

POÉSIES (1866-1876). (Charpentier, éditeur.)
LA CHANSON DES HEURES, poésies (1876-1878). (Charpentier, éditeur.)
LES AILES D'OR, poésies (1878-1880). (Charpentier, éditeur.)
LE PAYS DES ROSES, poésies (1880-1882). (Charpentier, éd.)
LES FARCES DE MON AMI JACQUES (1880). 15e édition. (Ollendorf, éditeur.)
LES MALHEURS DU COMMANDANT LARIPÈTE (1881). 15e édition. (Ollendorf, éditeur.)
LES MÉMOIRES D'UN GALOPIN (1882). 12e édition. (Ollendorf, éditeur.)
LE FILLEUL DU DOCTEUR TROUSSE CADET (1882). 12e édition. (Ollendorf, éditeur.)
MADAME DAUDIN ET MADEMOISELLE PHRYNÉ (1883), 6e édition. (Ollendorf, éditeur.)
LE CONTE DE L'ARCHER (1883). (Rouveyre et Blond.)
LE PÉCHÉ D'ÈVE (1882). (Rouveyre et Blond.)
POUR FAIRE RIRE (1882). (Marpon.)
CONTES GRASSOUILLETS (1883). (Marpon.)
POÉSIES COMPLÈTES, 1er volume. (Lemerre.)

TOUS DROITS RÉSERVÉS

QUATRIÈME ÉDITION

LES MÉLANCOLIES
D'UN JOYEUX

PAR

ARMAND SILVESTRE

AVEC UN FRONTISPICE PAR TOFANI

PARIS. CHARAVAY FRÈRES ÉDITEURS

4 Rue de Furstenberg

1883

PREMIÈRE PARTIE

NOUVELLES
MÉLANCOLIQUES

NOUVELLES

MÉLANCOLIQUES

SERMENTS D'AMOUR

I

— Jusqu'à la mort !

Et, c'est la bouche sur sa bouche, dans une étreinte folle, sous la caresse profonde d'une nuit d'été qu'elle lui avait dit ces mots où vibrait je ne sais quoi de surhumain et de désespéré. Il les avait recueillis dans son oreille avide comme une musique d'outretombe où l'Amour défiait l'Eternité, et la Terre le Ciel. Ils l'avaient pénétré jusqu'aux moelles, et, de tous les souvenirs de leur tendresse passionnée, celui-là devait lui demeurer le plus avant au cœur, là où le sang toujours rajeuni ne permet pas aux blessures de se fermer. Tout un monde se dressait dans sa mémoire à l'écho de ces paroles dont l'accent l'avait fait frissonner, les grands arbres penchant leur ombre sur leurs têtes rapprochées, le ciel ouvrant à travers les frondaisons opaques une baie lumineuse d'azur et d'argent, le fleuve invisible roulant au loin son murmure, et la tombe ouverte parmi les fleurs, la tombe prise à témoin, la tombe fidèle où doucement ils dormiraient ensemble le dernier sommeil. Car tout avait été solennel et sacré dans cette scène, et c'est l'âme, plus que la voix, qui avait jeté ce cri dans le silence des baisers.

II

Elle s'enfuit pourtant un jour, celle qui lui avait brûlé les lèvres, enveloppant son être tout entier dans un enchantement. Elle s'enfuit, non pas dans quelque révolte de tendresse outragée, mais par lassitude banale, vaincue par l'ennui, lui donnant, d'un seul coup, la mesure du néant que la femme apporte, même dans ses abandons. Elle s'enfuit pour aller tenter d'autres amours qui ne dureraient pas davantage, comme ces refrains imbéciles que la popularité d'un moment promène sur les guitares des chanteurs en plein vent ; pour suivre son destin de feuille tombée du grand arbre du Paradis et qu'un souffle impitoyable roule sur les terrestres chemins ; pour se déchirer jusqu'au bout aux épines et boire son comptant de fange au ruisseau. Elle s'enfuit pour obéir à la loi de fragilité et de mensonge qui fait la femme pareille à tout ce qui est doux et charmant ici-bas.

Mais lui, se rappelant sans cesse cette nuit d'extase, ces mots divins versés sur sa bouche comme un baume, cette invocation suprême et cet inviolable serment, vécut dans le désespoir et dans la colère. Le mépris seul l'empêcha de tuer cette bête fausse et cruelle. Mais pour toutes celles qui, comme elle, portaient sur le front la beauté ainsi qu'un vase saint profané sans cesse, il conçut une haine affreuse et sans merci.

III

Et, comme il n'avait pas trente ans encore et qu'un sang viril lui brûlait le cœur et lui mordait la peau, il se rua en mille débauches, dans la foule abjecte des amis d'un jour et des maîtresses d'une nuit, buvant à même à la coupe commune où s'abreuvent les honneurs salis et les vertus polluées, odieuse gamelle du régiment des déclassés. Il se grisa avec des ivrognes, joua avec des tricheurs et aima avec des catins. Quand d'aventure quelqu'une de celles-ci lui inspirait une de ces heures de vague tendresse où l'homme oublie le néant des baisers qu'il donne et la honte des baisers qu'il reçoit, il entrait contre lui-même dans d'épouvantables fureurs et poursuivait la malheureuse de paroles insultantes et amères. Et quand elle pleurait devant lui, pauvre brute dont l'outrage secoue encore quelquefois la conscience, il se sentait plein d'une joie méchante, comme si ces larmes de fille le vengeaient. Mais enfin, il comprit que l'avilissement de ce monde perdu, non content de grouiller autour de lui, allait monter en lui comme une mer, aspiré par le vide de son cœur et de son esprit et, comme il avait, Dieu merci ! gardé une âme fière, il s'arracha de cette boue si violemment qu'il en eut les pieds saignants et retomba, meurtri, dans une solitude sans espoir.

IV

Celle-là n'était pas pareille aux autres femmes qu'il avait connues.

C'était la Vierge chaste qui, dans le silence du foyer paternel, attend la venue de l'époux.

De la sérénité charmante de ses yeux était faite la pudeur exquise de son visage et tout en elle respirait une telle pureté, qu'autour d'elle le parfum des fleurs prenait des effluves d'encens.

Il la vit et il lui sembla que son rêve amer s'enfuyait, qu'une lumière nouvelle rentrait dans ses yeux, que le passé mourait dans son âme où l'espoir montait comme une aurore, dans une apothéose de chants et de clartés. L'insensé ! il osa se dire à lui-même qu'il n'avait peut-être jamais aimé.

Comme il était resté beau malgré ses débauches, il plut rapidement à cet ange dont les ailes ne demandaient qu'à s'ouvrir et, comme il était resté riche. malgré ses folies, il ne fut pas longtemps à se faire agréer d'une famille qui joignait à d'excellentes mœurs un juste souci de l'argent. Il crut mourir de joie en échangeant l'anneau de fiançailles avec cette angélique créature, et pressa les choses de toute l'ardeur d'une âme vraiment éprise. Une égale impatience le payait de retour et le faisait plus heureux encore par la certitude d'être aimé.

V

La veille du grand jour était arrivée.

Ils marchaient tous deux, silencieux et recueillis dans leur amour, suivant une allée du parc où l'ombre de la nuit était rayée de lumières furtives par les obliques rayons de la lune traversant les feuillages. Derrière eux mouraient les chuchotement familiers de la maison et, devant, du côté de l'horizon, s'éveillait le chœur des choses, voix murmurante des ruisseaux, bruits d'ailes dans les branches, vols d'insectes bourdonnants, derniers appels du cor dans les bois, tout ce qui fait le soir mystérieux et mélancolique.

L'allée s'arrêtait à une sorte de carrefour de verdure dont le gazon était largement baigné par les clartés stellaires. Un banc de pierre, rongé aux angles par les lichens, s'y dressait aux pieds d'un faune décapité. Ils s'y arrêtèrent et elle s'y laissa tomber, comme vaincue par l'émotion de cette promenade solitaire dans cette immortelle extase de la nuit. Alors il se mit à genoux devant elle, et baisa les plis de sa robe qu'elle ramenait en vain sous ses petits pieds frissonnants de rosée ; il lui prit les mains, ses mains glacées qu'elle défendit à peine et, les yeux dans ses yeux, la bouche effleurant sa bouche, il lui demanda :

— M'aimes-tu ?

— Jusqu'à la mort, répondit-elle.

Un coup de foudre ne l'eût pas plus violemment secoué. C'était le cri, c'était l'accent, c'était le serment autrefois entendus ! Même voix expirante ! Même décor nocturne ! même mensonge, sans doute ! Il se leva comme un fou, et saisissant avec rage les bras suppliants tendus vers lui, ces bras qui allaient fermer autour de son cou leur caresse, il la souleva et la repoussa si rudement qu'elle roula à terre, heurtant de son front, avec un bruit assourdi par la mousse, les bords usés du banc de pierre.

Puis il mit ses deux mains sur ses yeux en blasphêmant et sanglottant.

Un long temps se passa ainsi ; un long temps que mesura un long silence. Il sortit enfin de sa torpeur, effrayé de ne rien entendre, et regarda anxieux autour de lui.

Elle était couchée inanimée dans l'herbe étincelante sous un beau rayon de lune, la tête appuyée au granit, et de sa tempe ouverte, un mince filet de sang descendait sur son cou, parmi l'or pâle de sa chevelure.

Son souffle était éteint. La Mort, qu'elle avait invoquée, avait eu pitié de cette âme blanche, et n'avait pas voulu qu'elle mentît, même une fois !

MAISON DÉSERTE

I

Dans un quartier aujourd'hui lointain de la ville de Toulouse que le mouvement commercial contemporain a chassé de son centre, dans une rue dont les pavés verdis trahissent la solitude accoutumée, le vieil hôtel seigneurial se dresse derrière l'écusson brisé de son portail. Celui-ci, dont la grille est absente, reste constamment ouvert par l'incurie de l'unique gardien de la vieille demeure; tout passant peut pénétrer dans la large cour, et, foulant ses hautes herbes, contempler à loisir les grands murs de brique dont la rouge uniformité est lézardée par les caprices du lierre, et dans lesquels s'ouvrent d'ogivales fenêtres aux bords dentelés et noirs dont Bachelier a sculpté les figurines meurtries. Une façon de terrasse dont les marches sont en morceaux et dont le remblai de pierre est partout débordé par les exubérances d'un terrain gazonné coupe cette cour en deux. Sur la partie supérieure, de grands arbres s'élèvent que la serpe de l'émondeur respecte depuis longtemps, et qui épouvantent par la menace de leurs branches mortes. Des lianes relient leurs cimes où s'arrondissent de lourdes touffes de gui, et des merles sautillent de l'un à l'autre avec des petits cris inquiets, dès qu'une rare visite vient troubler ce séjour endormi. On aperçoit aussi des chats faméliques dont la queue mouchetée serpente rageusement et se perd dans l'épaisseur des buissons. Adossée à la terrasse et marquant le milieu du quadrilatère, une fontaine sans eau ne pleure plus qu'après les pluies, quand l'ondée a mis de légitimes larmes aux yeux du vieux faune qui y veille sur une nymphe couchée. Le faune a perdu ses cornes et une des cuisses de la nymphe s'ouvre béante, le reste de la jambe ayant disparu. Tous deux ont des cheveux de mousse, et je ne sais pas de groupe plus mélancolique au monde.

II

Que de fois, enfant, j'ai passé des journées entières dans ce jardin désolé d'une maison sans maître ! Je n'osais pas me hasarder dans les escaliers vermoulus que fermaient, de place en place, les larges rosaces tissées par les araignées et pareilles à ces cerceaux que les clowns de cirque accumulent devant la course des écuyers. Le moindre vent chantait sinistrement dans les couloirs vides où l'engouffrait l'absence de carreaux aux croisées. Les mâchicoulis s'émiettaient au pied des murailles et les brèches des corniches grandissaient chaque jour. De temps en temps, la chute d'une pierre faisait bondir les grands chats dans les herbes et effarait les merles dans les branchages. Ce spectre d'hôtel me faisait peur et cependant un charme indicible me ramenait à son ombre et j'y tremblais délicieusement quand, la nuit venue, le moindre souffle balançait la silhouette de ses arbres sur la neige d'argent pâle que la lune étendait dans la cour comme le rideau d'une lanterne magique. Il me semblait que tout s'animait autour de moi et que des générations entières d'hôtes anciens venaient, de nouveau, habiter ces ruines. Je retenais mon haleine pour ne pas effrayer ces voyageurs de l'éternité dans leur rapide repos. Je me mêlais à leur vie fugitive et tentais de les reconnaître, comme si j'eusse été de leur temps. Quand une vision plus charmante que les autres passait dans mon esprit, je me disais que c'était, sans doute, cette Jeanne dont j'avais retrouvé, à l'angle le plus obscur de mainte pierre, le nom écrit en toutes petites lettres avec la pointe tremblante d'un couteau.

III

Aujourd'hui seulement je sais son histoire et nul autre ici peut-être ne la sait que moi, le vieux homme qui me l'a contée étant mort hier centenaire, ce qui se voit encore de nos jours. Elle est sombre, mais ne manque pas d'une certaine poésie; aussi la conterai-je brièvement, n'aimant pas à m'attarder au côté mélancolique des choses et n'étant pas payé pour cela.

Mademoiselle Jeanne de Brissac (je ne puis vous livrer qu'un nom de comédie, la famille existant encore) avait dix-huit ans en 1792, et son père était le plus rude ennemi des institutions nouvelles, gentilhomme loyal que toute la noblesse persécutée de la province reconnaissait pour son chef. L'autorité et le respect qui s'attachaient à son caractère l'avaient protégé néanmoins, lui et les siens, non pas de la colère des meneurs, mais des mouvements populaires sans lesquels cette colère ne peut rien. Les femmes des faubourgs s'étaient souvenues que ce galant homme cédait toujours le haut du pavé aux plus humbles d'entre elles et qu'on l'avait vu descendre de carrosse pour aider une pauvre vieille marchande ambulante à ramasser son étalage bouleversé par un coup de vent. Aussi, toutes les fois qu'il avait été question de l'arrêter, avaient-elles fait de véritables émeutes, et ceux qui ont entendu crier les femmes de ce pays quand elles se fâchent ne seront pas surpris que l'autorité ait reculé devant un pareil vacarme. Mademoiselle Jeanne de Brissac était d'ailleurs adorée pour sa charité dans une ville où les pauvres sont une imposante majorité.

IV

Elle était adorée aussi, mais discrètement, mais tout bas, mais dans l'ombre, pour la grâce adorable de son visage, l'or clair de sa chevelure, l'éclat de ses yeux inquiets et timides à la fois, la blancheur liliale de sa peau, la noblesse de sa taille, la fierté de sa démarche et tout ce qui en faisait une adorable fille, propre, entre toutes, à damner un saint. Car c'était vraiment un saint que l'abbé Philippe, avant qu'une fatalité contre laquelle rien ne prévaut l'eût amené dans la maison pour être à la fois le chapelain du maître et l'instituteur de la fille, bien qu'il n'eût pas trente ans ! Mais l'austère M. de Brissac ne concevait pas qu'un prêtre pût faillir, et c'est avec une cruauté naïve qu'il avait livré ce jeune homme à la plus épouvantable des tortures et au supplice sans nom de la chair révoltée, le condamnant à demeurer sans cesse auprès de cette créature tentante. Celui-ci avait une foi robuste et se disait que Dieu lui envoyait, sans doute, ce martyre, pour épurer son âme et la grandir à la mesure de l'épreuve. Il se disait encore qu'avec l'aide de la Vierge, il ne pouvait manquer d'en triompher et lui offrait en sacrifice ses souffrances chaque jour accrues. Pauvre et sublime fou qui ne connaissait pas le vrai Dieu, celui contre lequel tout autre puissance est vaine ! En attendant, il déchirait ses épaules avec un fouet, pendant la solitude des nuits, se mordant les bras à les faire ruisseler de sang, étouffant dans son oreiller les sanglots qui le secouaient comme une masse inerte. Mais le lendemain, croyant le mal vaincu, son visage pâle avait je ne sais quelle douceur triomphante où nul n'aurait deviné les angoisses passées. C'était un héros que l'abbé Philippe et qui s'était juré de mourir sans avoir trahi son devoir, sans avoir révélé son secret. Pourtant sa main amaigrie, désobéissant à sa pensée, courait quelquefois sur la pierre et y écrivait, en caractères presque indéchiffrables, le nom qui lui brûlait le cœur. Ainsi firent les amoureux de tous les temps, comme on le peut voir dans les idylles du divin Théocrite, où les bergers tracent dans l'écorce des yeuses les noms de leurs bien-aimées.

V

Nul ne sait l'heure qu'attend pour succomber la fragilité humaine, mais tous savent que cette heure viendra. Il y avait grande rumeur dans la ville; car les membres d'un comité avaient enfin décidé une bande de gredins abjects à se diriger sur l'hôtel de Brissac. Cette rumeur était menaçante et allait se rapprochant. Il faisait une nuit superbe, et le malheureux abbé, qui ne connaissait plus le sommeil, avait été le premier debout. Un coup fut frappé à sa porte. Il ouvrit et se trouva vis-à-vis de Jeanne qui, affolée, venait se mettre sous sa protection. Son père préparait la résistance avec tous les hommes de la maison; elle, n'osant demeurer seule, se réfugiait auprès de l'homme de Dieu, pour prier avec lui. Jamais elle n'avait été si belle qu'avec sa chevelure dénouée sur les épaules et le vêtement flottant dont elle s'était à la hâte enveloppée. Et c'était dans cette chambre où son fantôme l'avait sans trêve poursuivi, qu'elle venait elle-même, dans la tiédeur de cette nuit d'août chaude et parfumée, à demi nue comme une déesse antique, attendrie par une émotion violente !

Les forces humaines ont une limite. Philippe se sentit fou. Mais un si grand amour est, avant tout, fait de respect. Rien de charnel dans ce premier élan de la tendresse du prêtre, mais un ravissement absolu de l'âme. Il tomba à deux genoux, pleurant comme une femme et, baisant le bas de la robe de la jeune fille interdite :

— Jeanne, lui dit-il d'une voix mourante, je vous aime !

Il n'en dit pas davantage.

Un coup d'épée qui lui entra sous l'épaule et ressortit par la poitrine, l'étendit muet et sans mouvement par terre.

M. de Brissac, qui, inquiet de sa fille, venait d'entrer, avait tout vu. Il avait frappé le prêtre avec une de ces élégantes épées de gentilhomme qui battaient aux talons des marquis. Il l'avait tué comme un chien.

VI

Mais sa première pensée fut ensuite qu'il ne fallait pas que le bruit de cette défaillance d'un homme de Dieu se répandît et apprît à ses ennemis politiques qu'un oint du Seigneur pouvait faillir. Robuste, malgré son âge, il prit le cadavre dans ses bras et, comme les émeutiers brisaient la porte de l'hôtel à coups de crosse de fusil, au moment où la porte céda et où ses domestiques répondaient à l'attaque du dehors par un feu de mousqueterie, il jeta le corps du prêtre au devant des coups, si bien que celui-ci parut avoir été percé par une baïonnette. En même temps les femmes des faubourgs accoururent, armées de piques et de faux, interrompaient les assaillants dans leur œuvre, et mettaient fin au sac de la maison.

La chose s'était si rapidement faite que tout le monde crut ainsi que l'avait voulu M. de Brissac. Il fut avéré que l'abbé Philippe s'étant, le premier, offert à la fureur des mécréants, avait été victime de son sublime dévouement. M. de Brissac lui fit de superbes funérailles et conduisit le deuil en personne, avec toutes les marques d'un inconsolable regret. Il exigea de Jeanne qu'elle suivît le corps jusqu'au point où il fut enseveli en terre sainte et s'occupa lui-même du tombeau. La chose fut tellement notoire que vingt-cinq ans plus tard, quand la Terreur blanche couvrit le Midi d'échafauds, trois pauvres bougres furent exécutés, ayant été reconnus pour les assassins du vertueux abbé Philippe.

Espérons pour la mémoire de M. de Brissac que, s'il eût encore vécu, il eût enfin protesté. Mais il était mort dans l'émigration. Quant à Jeanne, elle ignora peut-être toujours ce terrible dénoûment d'un drame qu'elle avait vainement tenté d'oublier dans la solitude du cloître, lequel la garda cinquante ans vivante et la garde encore morte aujourd'hui

AFFAIRE D'HONNEUR

I

Elle était blonde, avec des cheveux presque fauves où des filets de sang couraient dans une coulée d'or, et des yeux bleus dont la prunelle avait des tons de turquoise morte où scintillaient des paillettes d'acier. Son teint mat et d'une blancheur admirable revêtait, aux contours, des brillants de marbre. Sa bouche, petite et charnue, souriait plus avec les dents qu'avec les lèvres, les découvrant comme un rapide frisson d'ivoire. Sa taille noble et bien pleine se redressait avec des ondulations souples et puissantes. Ses belles mains aux transparences veinées d'azur étaient armées d'ongles étroits, rosés et effilés. Sa croupe, quand elle s'asseyait, avait d'invincibles bondissements. Tout était câlinerie féroce dans cette gracieuse et puissante créature, et il n'était pas jusqu'à son nom d'Hélène qui ne fît penser aux dangereuses charmeresses qui, depuis l'origine du monde, sucent, aux flancs palpitants de l'humanité, les rouges blessures ouvertes par l'amour. Ce nom, elle le méritait d'ailleurs, car tous les morts couchés d'une Ilion en cendre et les larmes d'un troupeau d'Iphigénies n'eussent pas fait reculer le plus léger de ses caprices. Ce beau monstre s'adorait soi-même et n'adorait que soi, par une inflexible logique de la Beauté consciente et souveraine qui reflète l'admiration de tous, comme un ruisseau répète une image.

Elle avait épousé, à seize ans, le comte de Valrobert.

II

De celui-ci j'ai moins à vous dire. Un officier, qui, après avoir bravement servi, avait brisé son épée à trente ans et en avait trente-deux en prenant femme. Courageux, loyal, ignorant, plus borné encore, aimant les chevaux et les chasses, portant des moustaches en pointes et des bottes, ce gentilhomme était un châtelain très sortable et un mari destiné aux funestes aventures. Il avait un ami d'enfance, un ancien camarade de Saint-Cyr aussi, à qui il avait sauvé la vie dans je ne sais plus quelle bataille et qu'il avait contraint de quitter l'armée en même temps que lui, tant il lui était impossible à lui-même de s'en passer un instant. Ce fidèle compagnon s'appelait Galbache. Dix-huit mois après les noces de Valrobert, il était déjà l'amant d'Hélène. Quelle canaille ! allez-vous dire. Quel malpropre que ce Galbache ! Eh bien !

j'aurais voulu vous y voir, vous les malins, les délicats et les honnêtes, aux prises avec les caresses enveloppantes et les savantes coquetteries de cette sirène ! Avec vous c'eût été à la fin de la première semaine ! Car il avait lutté, ce Galbache, il avait voulu fuir, il serait parti si son imbécile d'ami le lui eût permis ; et, quand le mal fut irréparable, bien qu'il fût mordu jusqu'aux moelles par le désir fou de cette femme, un remords implacable le poursuivit dans son coupable bonheur. L'ancienne amitié révoltée étouffa toutes ses joies et il n'eût rien souhaité plus vivement au monde que de donner tout son sang pour Valrobert, en expiation de son involontaire infamie.

III

Il y avait quatre ans que cela durait et le comte avait tué beaucoup de cerfs, sans se blesser jamais soi-même, quand le baron

Adalbert de Haut-Castel fut présenté à Hélène. C'était un beau sous-lieutenant de vingt ans, fils d'un ami des Valrobert et qui tenait garnison dans la ville prochaine. Il fut accueilli de façon à revenir souvent et, le lendemain même, la comtesse prenant Galbache à part :

— Ne souffrez-vous pas, mon ami, lui dit-elle d'une voix triste, de tromper le modèle de loyauté que Dieu nous donna, à vous pour ami et à moi pour époux ?

— Extrêmement, répondit Galbache avec franchise, bien que j'en aie pris une telle habitude que je ne conçois plus la vie autrement.

Alors Hélène fit appel aux sentiments d'honneur de son amant et le conjura de briser une liaison criminelle. Le pauvre diable dit qu'il en mourrait et était très sincère. Elle eut l'hypocrisie de ne pas lui répondre qu'elle en serait enchantée. Elle vainquit encore une fois. Galbache se soumit, le désespoir dans l'âme. Il voulut s'exiler encore, mais Valrobert ne le souffrit pas plus que par le passé. Et puis sa retraite ne compromettrait-elle pas Hélène ? Il demeura, et je vous prie de croire qu'il endura de belles tortures quand il découvrit, à n'en pouvoir douter, qu'il n'avait été mis hors du lit de Madame que pour y faire une place à M. de Haut-Castel. O jalousie sans vengeance ! Que pouvait-il faire ? Qu'avait-il le droit de dire ? Il n'avait jamais été l'époux; il n'était même plus l'amant.

IV

Un matin, Valrobert entra chez lui au petit jour.

— Je sais tout, lui dit-il, d'une voix où la colère secouait des sanglots.

Galbache sentit une sueur glacée lui monter au front.

— Je me bats demain avec cet homme et

je viens te prier d'être mon témoin, continua le comte.

« Cet homme » ! Ce n'était donc pas lui : c'était l'autre, le baron, que Valrobert, à un retour prématuré de chasse, avait surpris. Galbache, sentant à quel point il était indigne de la preuve d'estime que lui donnait encore son vieux compagnon, chercha des prétextes pour refuser.

— N'es-tu donc pas mon seul ami ? lui demanda le comte sur un ton qui ne souffrait guère la réplique.

S'obstiner, c'était peut-être le mettre sur la voie de découvertes nouvelles. Toujours lié par sa faute, Galbache dut accepter et promit. Ne répétez donc pas, pour cela, que c'était un misérable. Encore une fois, je voudrais vous voir à sa place, vous les raffinés de sentiment !

L'autre témoin du comte était son ancien brosseur, un fidèle, muet comme un saumon, mais dévoué comme un terre-neuve.

Le baron Adalbert de Haut-Castel devait amener, de son côté, deux officiers de son régiment. L'arme choisie était le pistolet.

V

Un coin de bois par une aube d'octobre toute mouillée de vapeurs. On fut exact sur le terrain comme il sied entre gentilshommes. Galbache avait été épouvanté de la pâleur de son ami, quand celui-ci était venu le chercher. Qu'eût-il pensé si, sous le chapeau du comte, il avait vu sa chevelure blanchie en une nuit ? Que s'était-il donc passé dans cette âme qui était certainement celle d'un brave ? Une chose bien simple. La veille au soir une explication avait eu lieu entre le mari et la femme, et Hélène exaspérée, ayant perdu toute retenue, avait jeté à la tête de son époux un paquet de lettres, en lui criant :

— Vous vous y prenez vraiment trop tard, jobard que vous êtes !

Ces lettres étaient celles de Galbache, et le comte avait passé la nuit à les lire en sentant se changer en fiel chacune des gouttes de sang qui lui montaient au cœur. Il n'en prit pas moins, surmontant son dégoût, la main que celui-ci lui tendit, mais le trajet vers le lieu de combat se fit sans qu'une parole eût été prononcée entre eux.

Quand tout fût prêt et les distances déjà mesurées :

— Messieurs, dit Valrobert d'une voix solennelle et vibrante, j'ai à vous faire part d'une légère modification dans le programme du duel qui va avoir lieu et qui, si vous le voulez bien, sera un duel à mort. Ce n'est pas moi qui me bats avec monsieur le baron, mais monsieur.

Et il montrait Galbache du bout de sa canne avec une effroyable expresssion de mépris.

Je vous laisse à juger de la surprise; mais Valrobert ne lui laissa pas le temps de se manifester :

— Moi, continua-t-il, je suis le mari de la comtesse. J'avais le droit de tuer l'un ou l'autre de ces messieurs, mais je désire qu'ils tranchent auparavant une question de rivalité qui n'existe qu'entre eux deux. Car moi, je suis mis en dehors du litige par la loi qui me reconnaît une situation spéciale.

Galbache comprit et jeta à M. de Haut-Castel un regard chargé de la haine qui allait enfin s'assouvir. Les témoins de celui-ci voulurent protester, mais le baron, qui avait aussi saisi la situation, les supplia de lui continuer leur office dans cette nouvelle rencontre.

Les armes furent donc chargées suivant les rites. On tira au commandement à vingt pas. Le jeune baron tomba foudroyé. Comme ses témoins se précipitaient vers lui, le comte s'avança lentement vers Galbache demeuré immobile et, arrachant un lourd revolver de sa poche, lui brûla la cervelle.

— C'est mon droit ! dit-il.

Et le jour même, en s'allant constituer prisonnier, il fit remettre au juge d'instruction les lettres qui lui avaient été livrées par la comtesse.

Il fut acquitté.

Cette véridique histoire remonte à vingt ans. Et maintenant, si vous voulez venir dîner un jour avec moi dans une de ces tables d'hôte de femmes où le proxénétisme, le commérage abject et toutes les hontes du vice parisien se donnent rendez-vous, j'aurai l'honneur de vous présenter à une dame très maquillée, monstrueuse de grosseur, mais dont l'œil rouge s'éclaire parfois d'attirances malsaines, mais irrésistibles. C'est Hélène.

LA MORTE HOMICIDE

I

Quand je rencontrai, pour la première fois, il y a six ans je crois, André Morel, bien qu'il eût hardiment la cinquantaine, sa figure qu'encadrait une double toison grisonnante avait gardé l'expression obstinée de jeunesse qui distingue les hommes nés bien armés pour le combat de la vie. Son front large et sans plis, ses yeux petits et noirs, sa bouche souriante et railleuse étaient à la fois d'un penseur et d'un philosophe. Je ne me rappelle plus le hasard qui nous avait mis en présence l'un de l'autre, mais je sais qu'au bout d'un entretien qui eût été insipide avec tant d'autres, nous nous connaissions assez pour avoir le désir d'être à jamais amis. Sa vie, à lui, avait été un long roman d'aventures. Epris d'un goût immodéré pour la science, il avait fait plusieurs fois le tour du monde, revenant toujours à l'Orient comme à une patrie d'adoption. L'étude des religions en avait fait un athée, mais non pas de ceux qui insultent bêtement à leurs croyances passées. Le commerce des femmes de toutes les races l'avait imprégné d'un scepticisme en amour dont une éducation parfaite empêchait, d'ailleurs, toute manifestation saugrenue. Moi qui, plus jeune que lui de quinze ans, n'avais jamais guère quitté Paris, y vivant d'ailleurs une vie tourmentée de passions facilement satisfaites, mais aussi parfaitement inassouvies après qu'avant, souffrant toutes les tortures imbéciles de ceux qui cherchent un idéal dans leur moindre caprice, rêvant de vivre éternellement avec toutes les femmes qui m'avaient donné une seconde de plaisir, la parfaite égalité d'âme de mon nouveau compagnon devait me remplir d'une admiration sans bornes laquelle n'était même pas exempte de quelque envie. Quand je connus de plus près la façon de vivre d'André Morel, je me convainquis qu'il n'y avait eu aucune pose dans ses premières professions de foi. Je le vis changer de maîtresses avec une indifférence et une liberté d'esprit qui achevèrent d'en faire pour moi un phénomène et un heureux. Il me parut leur demander juste la somme de plaisir que comportait chacune d'elles et s'arrêter avec une précision mathématique à la limite du premier ennui.

— Quel sage! pensais-je en moi-même que tourmentaient, comme un bruit de chaînes dans la nuit, toutes les liaisons à demi rompues.

II

Ce fut peu de temps après l'affermissement de notre intimité qu'il rencontra Claudia Tessier, une belle fille qui avait posé dans plusieurs tableaux fameux. Claudia avait vingt ans; elle possédait ce genre de beauté qu'ont souvent les plébéiennes de Montmartre et dont le caractère plastiquement sculptural est accentué par une pointe de canaillerie parisienne dans l'allure et dans le geste. Grande, élancée, le front bas, des lèvres très rouges, des cheveux noirs frisant naturellement, des yeux dont l'expression était un immense et constant désir de l'impossible, ayant le pied petit et aristocratique, tandis que la main sentait encore les travaux de l'ouvrière, la voix légèrement enrouée, elle portait en elle, je ne sais quoi de divin et de déjà flétri, d'attirant et d'empoisonné qui avait affolé déjà pas mal d'amants. Ne s'élevant d'ailleurs, par rien, au-dessus de la moyenne intelligente et morale des femmes dont André Morel faisait systématiquement sa compagnie : ce qu'on appelle une bonne fille dans les brasseries de peintres et de gens de lettres. Et de fait, il me sembla que mon ami la traitait, comme toutes les autres, sans la poursuivre de la moindre fidélité et sans l'honorer de la moindre jalousie, la prenant quand elle venait et la laissant partir sans le moindre ennui, respectant sa liberté et gardant toute la sienne, à lui. Un mois que nous passâmes ensemble à Montmorency me confirma dans cette opinion. Jamais on ne vit deux amants moins sérieusement épris en apparence, tout en se plaisant l'un avec l'autre. André rentrait ou ne rentrait pas de Paris, le soir, sans se croire tenu à la moindre explication. De son côté, Claudia ne se gênait guère pour coqueter, pendant son absence, avec tous les godelureaux du voisinage. Ce fut un mois plein de fleurs qui faisaient, à ces amours tranquilles, une atmosphère de parfums fugitifs comme leurs moments de plaisir. Et moi j'admirais, de jour en jour, davantage, me disant que le bonheur était certainement dans cette façon joyeuse de prendre les choses et me traitant tout bas de fou pour tout ce que j'avais sottement souffert !

III

Nous étions revenus à Paris, depuis quinze jours à peine, quand, rencontrant André, je lui demandai des nouvelles de Claudia.

— J'ai dû la quitter, me dit-il en souriant. Je suis ennemi des liaisons trop longues, et puis ses infidélités par trop publiques me rendraient à la longue ridicule. J'en ai donc fini avec elle.

— Et tu n'as pas souffert de cette rupture ?

— Pas du tout. J'ai justement retrouvé, entre temps, une maîtresse que j'avais aimée à la Martinique et que j'aime maintenant à Paris.

— Mais elle, Claudia ?

— Elle, mais je la crois enchantée. Je l'ai, d'ailleurs, quittée en galant homme, lui assurant la tranquillité nécessaire pour trouver un autre amant, et nous nous sommes séparés les meilleurs amis du monde.

Le lendemain je trouvai sur mon chemin une amie de Claudia qui vint à moi avec l'empressement des gens qui ont quelque histoire à vous conter.

— Eh bien, me dit-elle, vous savez la peur que nous a faite cette folle ?

— Moi, je ne sais rien.

— Eh bien ! croiriez-vous qu'avant-hier, ayant eu la fantaisie d'aller frapper, le soir, à la porte d'André, et celui-ci ne lui ayant pas ouvert, parce qu'il était couché avec sa nouvelle maîtresse, elle lui cria : Puisque c'est comme ça, je vais me tuer !

— La bonne plaisanterie !

— Pas si bonne que cela ! car, en rentrant chez elle, après avoir bu des bocks dans tous les cafés encore ouverts, elle a fait infuser un paquet d'allumettes et a tout avalé d'un trait.

— Ah ! mon Dieu !

— Rassurez-vous ! Attiré par ses gémissements, son concierge est monté ; il a été chercher le médecin. Celui-ci lui a donné un vomitif et elle va mieux aujourd'hui. Voulez-vous venir la voir ?

J'y courus.

IV

Je trouvai, en effet, Claudia levée, mais je fus frappé de sa pâleur et de l'altération profonde de ses traits. Elle me reçut en souriant :

— Croyez-vous ! me dit-elle la première. Ai-je été bête ! je ne l'ai pas plutôt eu fait que je l'ai regretté tout de suite.

— Et André sait-il ?...

Elle m'arrêta par un regard si haineux et si terrible que j'eus froid par tout le corps et sentis ma langue se coller à mon palais.

— Si vous venez ici pour me parler de lui, faites-moi le plaisir de partir.

Je ne sus que lui répondre, et quelques instants après, en effet, je sortis, comprenant mal ce qui pouvait se passer dans son âme, mais sérieusement inquiet de l'état dans lequel je la laissais. Je fis demander de ses nouvelles le jour suivant et j'appris qu'elle avait repris le lit. Le médecin craignait des brûlures internes et que les ravages du phosphore eussent été plus grands qu'il ne l'avait d'abord supposé. Le lendemain un coup de sonnette me réveilla au petit jour, et André se dressa devant moi, effroyable à voir, tant il avait le visage décomposé.

— Claudia se meurt, me dit-il d'une voix fiévreuse. Elle refuse de me voir. Je t'en supplie, viens, viens !

Je l'accompagnai. Il m'attendit à la porte, et moi j'eus bientôt sous les yeux le plus épouvantable spectacle que j'aie vu de ma vie. Assise sur son séant, la figure convulsée, tendant les bras en avant comme pour se raccrocher à quelque chose d'invisible, haletante, et secouée par les hoquets de l'agonie, cette belle créature était l'image terrifiante de tous les effrois et de tous les désespoirs. Parfois ses mains, violemment ramenées vers ses entrailles, se crispaient comme des feuilles au feu, sur ce foyer d'indicibles douleurs. Elle ne m'aperçut pas d'abord, absorbée qu'elle était dans les visions ténébreuses du dernier rêve, mais, tout à coup, ses regards s'étant tournés sur moi, j'y vis reparaître l'effroyable expression de colère qui m'avait si fort ému deux jours avant.

Son bras se tendit vers la porte avec une autorité suprême.

Une malédiction lui creva dans la gorge, et elle retomba lourdement dans sa chevelure dénouée, se roidissant dans une dernière convulsion.

— C'est fini! dit le médecin qui lisait son journal dans un coin de la chambre.

Je redescendis et je jetai, dans un fiacre où je montai avec lui, André hébété et qui n'eut pas besoin que je lui dise un seul mot pour avoir tout deviné.

— Tu l'accompagneras jusque là-bas, me fit-il, d'une voix sèche et douloureusement vibrante.

Je lui serrai la main pour toute réponse.

V

Oh! l'enterrement à la fois lugubre et bouffon! fait de toutes les tristesses et de toutes les ironies de la mort! Derrière le corbillard, qu'André avait fait couvrir de fleurs, je marchais le premier, Claudia n'ayant de famille qu'une vieille tante restée à la maison pour lui voler ses dernières hardes et ses malheureux bijoux. Puis derrière, quelques rapins qui ayant autrefois couché avec elle, croyaient de leur devoir de lui rendre les suprêmes honneurs, causant de ses charmes et se contant leurs bonnes fortunes les uns les autres avec une mélancolie affectée qui m'eût fait bien rire ailleurs. Enfin une quinzaine d'amies de la morte, modèles d'atelier, figurantes de pièces à femmes, flâneuses de brasseries, danseuses de bastringues. Toutes des bouquets à la main, pleurant bruyamment, appelant André : « Ce sale homme ! » comme si c'était lui qui eût tué cette femme folle. Ah ! je puis me vanter d'être entré dans l'église de Montmartre, après avoir traversé tout ce coin de Paris, suivi d'un cortège qui eût étonné quelque peu ma famille. Rarement cependant je fus plus ému à un convoi qu'en suivant le corps de cette suicidée, dans l'odeur des lilas entassés sur sa bière, des lilas de cette année-là, dont les premiers avaient fleuri son corsage. Et Dieu sait pourtant si les lilas passent vite! L'immense pureté et le pardon infini qui se dégagent de la mort m'enveloppaient, me faisant oublier la mascarade que je traînais sur mes talons et des prières oubliées me montaient aux lèvres pour cette trépassée que son linceul faisait toute blanche comme les vierges. Ces vers touchants de Beaudelaire me chantaient dans la mémoire :

Vous que, dans votre enfer, mon âme a poursuivies,
Pauvres sœurs, je vous aime autant que je vous plains !

J'ai même, je l'avoue sans honte, senti des larmes me couler sur le visage quand le prêtre indifférent et banal jeta la première pelletée de terre grasse et lourde sur la dépouille à peine froide, sur le corps superbe sans doute encore de ce pauvre oiseau de Bohème mort d'un caprice de la destinée.

Quand je revins auprès d'André, je le trouvai plus calme que je ne l'espérais. Il se fit tout conter et me remercia brièvement.

VI

Je le vis tous les jours suivants. Il ne parlait plus de rien et je le crus résigné. Un soir je l'aperçus rentrant avec une femme. Je fus complètement rassuré sur l'état de son esprit. Alors mes visites se firent plus rares, moi ayant repris mes occupations journalières et estimant que lui-même était, sans doute, retourné aux siennes. Nous passâmes néanmoins plusieurs dimanches ensemble, durant lesquels, bien que sombre et semblant secouer à grand'peine une mélancolie tyrannique, il ne fit aucune allusion au souvenir de Claudia. Après tout, je ne pouvais exiger qu'il guérît en un jour ! Nous nous étions quittés, un soir, projetant une partie de campagne pour la fin de la semaine. Deux jours avant le jour fixé, l'idée me vint de lui rappeler notre plan de voyage. Je sonnai à sa porte et sa vieille servante vint m'ouvrir.

Mais à peine l'eus-je aperçue que j'avais le sentiment d'un malheur.

— Monsieur ne sait pas ? me dit-elle en portant son mouchoir à ses yeux.

Je n'osai l'interroger. Alors, me prenant la main, elle me conduisit à la chambre d'André. Une lumière de bougie oscillant au vent de la fenêtre ouverte dont les persiennes seules étaient fermées trembla dans mes yeux. André était étendu sur son lit, inanimé.

— Il s'est empoisonné, me dit la femme d'une voix effrayée. On m'a défendu de le répéter, mais le médecin m'a dit qu'il s'était empoisonné.

Et elle me montra dans la main d'André, ramenée sur sa poitrine, un morceau de papier froissé qu'il avait semblé vouloir y entrer en expirant. C'était une lettre de Claudia, la seule qu'elle lui eût peut-être écrite, une lettre idiote, sans orthographe, où elle lui demandait vraisemblablement de l'argent. Ce triste gage avait suffi à sa dernière étreinte, tant il était mort plein de son souvenir !

Car je n'en pouvais douter. Après deux mois de lutte intérieure, c'est elle qui l'avait attiré inexorablement dans la tombe. Ce sage, ce sceptique, ce savant n'avait pas eu la force de survivre à cette fille rencontrée dans la rue, qui le trompait, qu'il ne croyait assurément pas aimer ! Une existence longue déjà de faciles tendresses, de liaisons légères, de théories aimables, d'épicuriennes fantaisies devait venir se briser à cet amour de hasard, à ce caprice dont une fin tragique avait fait une mortelle passion ! Qui dira ce que la Mort apporte de grandeur à tout ce qu'elle touche !

Il y a trois ans de ce double malheur. Le retour d'un anniversaire me l'a si fort remis en mémoire et replanté au plus saignant du cœur que je ne me suis pas senti le courage de parler d'autre chose.

Après tout, lecteur que je veux croire ami, si cette aventure est moins gaie que celles que j'ai coutume de te conter, elle a, sur beaucoup de celles-ci, l'avantage d'être rigoureusement vraie et de te rémémorer cette vérité éternelle, à savoir que l'amour, l'amour terrible, l'amour sans merci a son heure pour chacun de nous et que nul n'est à l'abri de ses angoisses et de ses désespoirs.

UN PETIT FILS D'HERCULE

I

Quel brouhaha dans le jardin public enfermé par un carré de platanes et que la fête foraine emplissait de ses baraques bruyantes et de ses tentes bariolées! Tout autour, l'austère paysage du Dauphiné crénelant le ciel de ses pics aux pentes lactées et roulant ses fleuves comme des fils d'argent parmi les sombres verdures; là, dans ce coin de cité dominé par les flèches jaunies de ses églises, un remue-ménage de fourmilière, un entassement d'hommes affairés par le plaisir. Aucun n'y manquait de ces fils de la Bohème dramatique et de la Bohème marchande qui courent, six mois durant, les grandes places, montrant des spectacles à bon marché et vendant cher des rebuts de magasin. Charlatans, montreurs de bêtes, acrobates étaient à leur poste, faisant des professions de foi comme de vulgaires députés, criant dans des porte-voix, annonçant des merveilles, prenant le public qui sort à témoin des joies qui attendent le public qui entre, faisant leur métier en conscience, et « guaignant cahin-caha leur paouvre et paillarde vie », comme disait Rabelais des saltimbanques de son temps.

Les parades allaient donc bon train, scandées par les colères de la grosse caisse. Un dentiste en plein vent témoignait d'un bagout digne d'un homme politique. Quelle faconde! Et les péroraisons heureuses ne lui faisaient jamais défaut. Témoin celle-ci adressée à un naïf paysan qui venait de se faire extirper une molaire :

— Maintenant, mon ami, tu peux mettre ta dent dans ton sabot, elle te fera plutôt du mal au pied qu'à la bouche !

A côté, une géante faisait remarquer aux militaires que, « bien que pesant le poids énorme de cent cinquante kilos, elle était admirablement proportionnée » et en donnait pour preuve un mollet dont la Diane de Gabies n'aurait vraisemblablement pas voulu. Plus loin, des marionnettes donnaient ! de l'enfer, une réduction pavée, non pas de bonnes intentions, mais de velléités satyriques ; puis une ménagerie répandait l'odeur chaude et fade de ses fauves parmi l'haleine des beignets frits en plein vent et les derniers souffles de la canicule.

De toutes ces baraques, la plus petite mais la plus achalandée était certainement celle des lutteurs, sous la direction de l'incomparable M. Morton, dit le « Rempart de l'Isère. »

II

Je donnerais, je l'avoue, toutes les comédies de M. Camille Doucet, toutes les tragédies de feu Ponsard, et beaucoup d'autres choses encore qui se sont jouées sur nos premières scènes, pour une belle lutte à main plate. Mais ils sont rares aujourd'hui ces combats de Titans dont les Arpin, les Marseille, les Albus, les Cretz, les Rabasson, furent, salle Montesquieu, et aux arènes Le Peletier, les derniers champions. Dans le Midi provençal même, on n'ose plus vous annoncer que des luttes de « demi-hommes ». Parfois cependant, il arrive qu'un gaillard bien musclé veut se mesurer sérieusement avec un lutteur de profession qui, lui-même, plus ou moins ravi de cette dangereuse aubaine, est obligé de mettre à vaincre tout son zèle et toute sa vigueur. Alors c'est un spectacle vraiment admirable, au lieu du banal assaut que se donnent régulièrement ces messieurs, entre compères, et dont tous les coups ont été répétés en scène comme les tableaux d'une féerie. Le véritable amateur de ce noble jeu attend des journées entières, devant le tas de sciure de bois ou de sable fin où se roulent les combattants, cet athlète imprévu, sincère, improvisé qui, du dehors, demande un caleçon comme les chevaliers d'autrefois réclamaient leur armure. Il applaudit à son entrée insolente, il fait des vœux pour sa gloire et plaint sa défaite. Mais il arrive souvent que ce Messie du véritable amateur ne vient pas et que les journées entières s'écoulent devant le tas de sciure de bois ou de sable fin sans amener cet adversaire loyal et audacieux.

III

C'était le cas et j'aurais estimé que j'avais perdu absolument mon temps si je n'avais pris un certain plaisir aux exercices de force de l'incomparable M. Morton. Ce directeur-acteur tirait, d'une musculature superbe, un parti vraiment plastique et pittoresque. C'est avec une aisance admirable qu'il jonglait avec des poids de quarante livres et qu'il élevait à bras tendu, au-dessus de sa tête, une haltère de quatre-vingts kilos. Il terminait ce travail, en balançant la masse énorme, en la lançant en l'air et en la recevant, sans fléchir, au bout de l'autre bras. J'ai vu la même passe de main exécutée avec les mêmes poids, mais non pas avec la même élégance facile.

Un autre spectateur suivait, avec bien autrement de passion que moi, les péripéties de ce jeu athlétique. Je le remarquais depuis plusieurs séances, et son attention semblait confiner à la fièvre, tant son être tout entier y paraissait ardent et concentré. Cette impression grandissait visiblement avec le temps. et il en était venu à s'agiter comme mû par quelque désir fou. C'était un soldat du génie, portant les galons de premier soldat, à la figure intelligente et douce, de taille moyenne mais bien pris, blond avec une moustache d'adolescent.

M. Morton avait achevé l'ascension et le changement de bras de l'haltère monstre et, en laissant choir à terre lourdement la masse au double boulet, il venait de jeter « à tous les hommes forts de l'assemblée » le défi traditionnel.

Alors le petit soldat n'y tint plus. Se dégageant, par un mouvement rapide, de sa veste noire, retroussant sa chemise de grosse toile au-dessus d'un biceps nerveux, il descendit dans l'arène, rougissant comme une fille, avec je ne sais quelle fierté vague pourtant qui était éclat dans ses yeux et sourire sur sa bouche.

— Nom de nom ! Pitonnet est fou ! dit à côté de moi un de ses camarades de régiment.

— Le colonel a expressément défendu de tirer et de lutter dans les baraques, ajouta un autre.

— Il va se faire casser au moment de passer caporal !

— Allons donc ! casser ! Il va avoir ses quinze jours de prison.

— S'il est possible ! avec de si bonnes notes !

— L'adjudant est là et l'a vu ! Il est pincé.

Pendant ce dialogue, Pitonnet faisait de vains efforts pour élever l'haltère au-dessus de son épaule, coudant son bras dans une furieuse contorsion de façon à l'appuyer sur sa hanche, se penchant, pour faire contrepoids, de façon à se dévier les reins, suant et succombant sous le fardeau trop lourd, sans pouvoir, dans un suprême raidissement, le mettre en place dans la paume dressée de sa main.

— Hardi ! criait-on d'un côté.
— Assez ! hurlait-on de l'autre.

— Jeune homme, vous allez vous blesser. Mais c'est très bien et vous arriverez, conclut paternellement l'incomparable M. Morton.

Pitonnet vaincu, laissa retomber l'haltère. Il pleurait.

IV

Mais il resta là, — comme moi. — Il resta sans remettre sa veste, et, trois quarts d'heure après, une nouvelle séance s'achevant, il se présenta de nouveau pour mériter les cents francs que le maître de céans promettait à la personne « capable de le rivaliser ». L'épreuve fut plus longue, mais demeura également sans conclusion.

— Ce n'est pas quinze jours de clou, mais un mois qu'il aura ! disaient les camarades désolés. Car je dois à la vérité de dire que Pitonnet paraissait adoré dans sa compagnie.

Et cela recommença à la séance suivante et encore à la séance d'après.

A celle-là, c'est d'un air plus résolu encore que l'obstiné sapeur descendit dans le cercle étroit où M. Morton venait d'opérer avec plus d'aisance que jamais. Lentement et avec une gravité singulière, il mit du sable dans sa main trempée de sueur pour empêcher le fer d'y glisser, puis il mesura méthodiquement l'écartement qu'il devait donner à ses pieds pour avoir la meilleure assiette; enfin, il orienta l'haltère dans un sens déterminé, de façon à pouvoir la saisir sans se tordre le poignet. Puis il regarda devant lui, se posa, se baissa, saisit la massive poignée, fit monter les deux boulets à la hauteur de son aîne, se courba violemment en arrière de façon à s'arc-bouter sur les reins et tendit son bras en élevant sa main chargée dans un effort désespéré. Telle était l'expression de tout son être et l'intensité visible de sa volonté que le public tout entier haletait avec lui et qu'un cri d'enthousiasme sortit de toutes les poitrines quand, cette fois-là, touchant enfin au but, il parvint à dresser le double boulet au bout de son bras vertical et tremblant.

Alors, faisant un demi-tour, l'haltère toujours suspendue au-dessus de sa tête, je vis que son regard triomphant cherchait quelqu'un, et que ce quelqu'un c'était la femme en maillot pailleté, en court jupon de velours fané, qui faisait la recette à la porte pendant la sortie et qui, pendant la séance, nonchalante et ennuyée, suivait les exercices, l'épaule appuyée contre un des portants soutenant la toile, et les deux jambes légèrement croisées aux chevilles. Je l'avais remarquée moi-même, depuis le commencement de la fête, cette fille brune, aux yeux d'un gris bleuâtre, à la bouche sensuelle, et qui, sans être jolie, avait je ne sais quoi d'étrange et d'attirant dans sa sauvage beauté.

— Assez! assez! criait-on de toutes parts.
— Assez! criait M. Morton lui-même.

Et le petit soldat s'obstinait dans son héroïque pose.

Alors le pitre de la baraque, un affreux queue rouge qui puait le vin et qui continuait la parade au dehors pour faire patienter le public, profitant de l'attention générale, passa sa tête entre deux toiles, tendant à la femme en maillot pailleté et en court jupon de velours fané ses grosses lèvres grimaçantes sur lesquelles celle-ci posa furtivement sa bouche rose.

— Ah! mon Dieu!

Une rumeur horrible! Des cris déchirants! Un tumulte indescriptible. Tout le public descendu dans l'arène et s'agitant, avec des pantomimes d'horreur, autour d'une masse vivante convulsivement remuée comme par une agonie sous une inerte masse de fer. A la vue de ce baiser, le petit soldat avait ouvert sa main, détendu son bras chargé et lâché volontairement le poids énorme qui, lui ouvrant la tête et lui brisant les reins, l'avait jeté pantelant, sanglant, inanimé sur le sable déjà rouge où ses membres rompus se débattaient encore.

C'est ainsi que le sapeur Pitonnet ne fit pas le mois de clou que lui avaient prédit ses camarades.

— En voilà une foutue bête qui veut faire des choses qu'elle ne sait pas ! dit, en façon d'oraison funèbre, la femme en maillot pailleté.

— J'ai bien failli perdre mes cent francs, remarqua philosophiquement l'incomparable M. Morton.

MUSIQUE DE CHAMBRE

1

C'était dans un grand salon dont les larges fenêtres donnaient sur les avenues savamment dessinées d'un parc aux lointains horizons, dont la tenture drapée s'interrompait çà et là sur un mythologique tableau de l'école de Boucher. Le châtelain et ses hôtes étaient descendus, un fusil sous le bras, pour tirer, au bas de la pelouse, je ne sais quelles innocentes bêtes ; la châtelaine, elle, était demeurée assise à son piano, les cheveux poudrés comme les belle marquises d'antan et rythmant d'un doigt léger un accompagnement discret au violoncelle de Fischer. Celui-ci jouait, à ce moment-là, une de ses compositions les plus heureuses, une chanson vieillotte, exquise, dont les notes s'égrènent, frêles et vibrantes comme celles d'une voix qui se taira bientôt, lointaines et fragiles comme les sons d'un clavecin oublié. Ce morceau s'appelle: *La Grand' Mère*, je crois, et vraiment on y croirait entendre parler, entre deux antiques refrains, une aïeule douce et penchée qui raconte une histoire d'autrefois. Moi, j'étais demeuré près du musicien et de la musicienne. Fut-ce le calme grandiose du décor, ou la neige des cheveux de la châtelaine, ou les mythologiques figures de l'école de Boucher, ou cette musique toute baignée de souvenirs, comme une fleur qui, le soir encore, a gardé, dans les replis de ses pétales, un peu de la rosée du matin ! Fut-ce tout cela ensemble ? Mais un rêve me vint, un rêve ancien et charmant comme toutes ces choses, qui me prit tout éveillé et me berça pendant que le violoncelle et le piano dialoguaient cette mélodie délicieusement surannée.

II

Je n'ai jamais connu mes grands parents. C'est tant pis, non pour eux qui ont fréquenté dans la vie un polisson de moins, mais pour moi à qui ils eussent appris le respect de la vieillesse, respect que je n'ai jamais professé, sous le prétexte que les coquins vieillissaient comme les autres. Cependant je possède de mon grand-père et de ma grand'mère maternels une double miniature de Noël Hallé, fraîche encore aujourd'hui de toutes les caresses de son délicat pinceau. Ma grand'mère était-elle jolie ? Je ne le saurais dire, attifée comme elle l'est. Car on ne peut juger vraiment des charmes d'une femme que vêtue suivant la mode contemporaine, ou suivant la mode d'Ève, qui est de tous les temps. De beaux yeux clairs, un front bas, une bouche mignonne, un menton ponctué d'une imperceptible fossette. Décidément elle devait être jolie. Mais pourquoi le turban d'Orosmane sur cette frimousse délurée ? — Quant à mon grand'père, je n'ai aucun doute. Bien qu'il soit ridiculement costumé, je perçois fort distinctement qu'il était nativement laid, et que la suppression du collet de son habit bleu n'en eût fait ni Apollon, ni Hercule, ni même Adonis. Au milieu d'une petit face ridée un nez sans autre excuse que l'amour du tabac. Qu'eût-il fait, d'ailleurs, de plus de beauté ? Il était dans l'Enregistrement, cette magistrature trois fois assise de l'administration française.

Oui, je rêvais pendant que jouait Fischer, et c'étaient ces deux chers vieux-là qui, descendus de leur médaillon de velours, subitetement agrandis et ressuscités. comme dans un conte de fée, vivants et assis devant moi, me tenaient compagnie dans le même salon, mon grand-père ne disant rien, mais prisant d'un air mélancolique, durant que ma grand'-mère lui parlait avec la voix chevrottante, humaine et attendrie du violoncelle.

III

Et je finis par entendre fort distinctement ce que lui disait la vieille femme dans le tremblement sonore des cordes sous l'archet. Elle lui confiait à lui, son mari silencieux et prisant, une longue histoire qui avait rempli, sans qu'il s'en doutât une seconde, les trois quarts de sa vie, à elle. Oui, toute jeune fille, et avant de le connaître, elle avait aimé et s'était crue aimée. Un jeune voisin lui avait adressé quatre ou cinq des plus belles lettres de la *Nouvelle Héloïse*, plus des vers dans le goût de M. Parny; prose et poésie lui avaient paru également admirables. Tous les soirs, le jeune voisin escaladait le mur qui séparait les deux jardins et venait lui parler des saintes lois de la nature, des hauts délices de la vertu, des indignes préjugés du siècle, de la flamme qui le consumait et autres belles inventions de M. Rousseau, dont elle était vraiment et délicieusement ébaubie. Il prenait l'Etre suprême à témoin de ses serments et lui disait des choses brûlantes, un genou dans la poussière et son petit tricorne à la main. Ce n'était pas d'ailleurs des bijoux et autres fanfreluches mondaines qu'il lui offrait pour achever de l'attendrir, mais des fleurs qu'il venait de cueillir, comme les bergers, ou des nids qu'il avait trouvés aux arbres voisins, ou autres présents dont l'innocence symbolisait et attestait tout ensemble celle de son cœur.

Un jour le signal retentit de la guerre lointaine. Mars imposait silence à l'Amour. Le beau donneur de roses et de pigeons dut quitter le tricorne galant pour la lourde coiffure empanachée du soldat. Comme on pleura de se quitter, mais comme on jura de se revoir ! En gage de sa fidélité, le nouveau Némorin laissa à la seconde Estelle un petit lapin blanc dont le cou portait une délicieuse faveur rose et qui mangeait dans la main.

Ainsi finissait le premier couplet de la confession de ma grand'mère. Un grognement sourd de la plus grosse corde de l'instrument me fit comprendre que mon grand-père en était médiocrement satisfait.

IV

Alors, sans s'émouvoir et d'une voix plus frêle encore, la fatigue étant venue d'en avoir déjà conté si long, elle continua comme il suit :

La guerre avait duré bien longtemps, si longtemps que le petit lapin blanc avait fini par mourir de vieillesse et n'était plus qu'une bête empaillée, broutant sur une console d'imaginaires pissenlits et regardant éternellement, avec de petits yeux de verre, une ex-bonbonnière pleine de vieux gants. Qu'était devenue la foi jurée ? — Ah ! voilà une chose dont se moquent les parents ! Pendant que Némorin faisait de l'œil aux quarante siècles qui, au dire de Napoléon, sont à cheval sur les Pyramides, papa et maman, qui avaient en médiocre estime la gloire des combats, forçaient Estelle à épouser le paisible bureaucrate, aujourd'hui confident de ses premières et chastes tendresses. Puis on s'habitue à tout, et la vie, platement monotone comme un grand chemin, s'était ouverte au lieu des sentiers du rêve montueux, parfumés et grimpant jusqu'à l'azur. Elle s'était résignée à la légale compagnie de ce jurisconsulte du timbre, de ce compulseur de répertoires. Elle en avait accepté des rejetons destinés aussi sans doute à percevoir des droits et des amendes au grand dommage de leurs contemporains. Saintes lois de la nature, délices de la vertu, préjugés du siècle, flamme consumante de l'amour, c'était peu de vous envoler en fumée, comme la jeunesse et comme la gloire : c'était trop de vous envoler dans la fumée d'un pot au feu !...

Mais cette note plus émue, presque poignante de la chanson !

Ah ! j'entends bien, et le grand-père fait une fière grimace dans le haut et grotesque collet de son habit bleu !

La campagne est enfin terminée et Némorin est revenu. Il est même colonel de hussards, lui, l'ancien porteur de houlette ! Il n'a pas eu le temps de se marier, lui ; il s'est souvenu entre deux victoires, et il a pris un congé pour revoir la bergère qu'il aime toujours.

Oh ! la mine furieuse que fait mon grand-père ! Sur une ritournelle du piano, il a vidé sa tabatière tout entière dans ses narines exaspérées et ses regards jaloux cherchent l'infortuné lapin empaillé sur la console où deux mélancoliques roses achèvent de mourir dans un vase de vieux Japon.

V

Et le troisième couplet commence, plus tremblotant encore et plus doux que les deux autres.

Rassurez votre grand-père ! Si bonne-maman vous conte tout cela, c'est parce que le beau récit doit finir par un hosanna à sa fidélité. Mais elle avait ça sur le cœur, la pauvre vieille, depuis longtemps, et, bien que n'ayant pas failli, elle ne veut pas mourir en emportant un secret qui ressemble à un remords. Non ! elle n'a pas failli, bien que le beau colonel de hussards fût, sous ses brandebourgs éclatants, infiniment mieux tourné que vous avec votre « sifflet » barbeau à boutons d'or. Et cependant il a réclamé, supplié, tempêté, menacé d'une voix tour à tour plaintive comme un bruit de source et impétueuse comme une bordée de tonnerre. Il voulait vous écraser sous vos registres, ce qui eût mis bien du désordre dans votre bureau et embrouillé les successions de tout le pays. Grand'mère alla jusqu'à dire qu'elle vous aimait d'amour, ce qui était un fier mensonge, afin de le désespérer et de vous sauver de son courroux. Alors ce militaire jura de se faire tuer à la première affaire; mais avant de partir, apercevant sur un meuble le gage profané de son ancien amour, il s'élança sur le pauvre lapin bourré de foin sec et, le déchirant en mille pièces, il dispersa ses entrailles en étoupes, ses yeux en émail, ses oreilles en carton, sa petite langue en drap rouge, tout cela avec d'abominables blasphèmes.

Pan! pan! Une double détonation interrompit l'apparition.

La mélodie du violoncelle mourait en notes alanguies et le piano les suivait avec deux ou trois mesures d'adieu.

La porte s'ouvrit avec fracas.

Mon ami Jacques apparut fièrement sur le

seuil avec son fusil fumant encore en bandouillère. Mon grand-père et ma grand'mère étaient remontés dans leur médaillon, qui lui-même s'était évanoui dans un frisson de velours rouge.

Mais, derrière Jacques, le baron Léo tenait, pantelant encore et sanglant, un tout petit lapin absolument pareil à celui de mon rêve.

C'est étonnant, n'est-ce pas ? ce qu'il peut tenir d'imaginations poétiques, absurdes et charmantes dans une simple chanson du violoncelle de Fischer, accompagnée par une marquise aux cheveux poudrés de blanc !

IDYLLE BOURGEOISE

I

C'était par une tiède journée de mai et dans cette admirable allée qui, faisant suite à l'avenue de Saint-Cloud, traverse obliquement le parc, entre deux rives montueuses d'herbe tendre, et pousse son flot de sable d'or jusqu'à la Seine, près du pont de Sèvres. Il tombait des feuillages une lumière douce et finement tamisée qui, dans les éclaircies, se transformait en un jet de poussière diamantée et vibrante dans laquelle se pâmaient, en bourdonnant, une nuée d'insectes enamourés. L'odeur qui montait des gazons tout constellés de marguerites sauvages avait des griseries singulières; on eût dit que la terre y soufflait le dernier parfum d'anciennes amours.

Le bruit du fleuve lui-même avait des bercements lointains et voluptueux.

L'heure du couchant se hâtait vers l'horizon pour aller revêtir ses voiles empourprés, et le recueillement du soir était déjà comme en chemin vers la terre.

Elle avait seize ans, d'adorables cheveux blonds, des yeux fauves pailletés d'or comme deux gouttes d'eau-de-vie de Dantzig, un admirable teint de fausse rousse, une bouche d'un rouge foncé comme le sang des mûres, la taille bien assise sur deux hanches déjà grassement dessinées, des pieds et des mains de naine et s'appelait Céleste.

Il avait vingt ans, la chevelure noire d'un Samson, des yeux d'un bleu foncé très expressifs, une jolie barbe naissante, une stature apollonienne, les façons d'un gentleman accompli, et répondait au nom de Gabriel.

Ces deux beaux êtres, pleins de jeunesse, marchaient côte à côte dans la nature en fête et crevaient d'ennui d'être mutuellement condamnés à la compagnie l'un de l'autre.

II

Derrière eux, à vingt pas, un couple bien différent semblait savourer tout autrement les tendresses infinies du paysage, M. Minaret, autrefois conservateur des hypothèques, dernier survivant du ménage Minaret, et père de Mademoislle Céleste, avait offert son bras à Madame Chaudeton, veuve de François Chaudeton, de son vivant un peu notaire et beaucoup cocu, mère légitime d'ailleurs de M. Gabriel. Ces deux vieux semblaient renifler, dans l'air alanguissant, un tas de souvenirs de jeunesse. On m'eût dit qu'autrefois Minaret avait outrageusement trompé feu Chaudeton, son meilleur ami, qu'on ne m'eût pas trop étonné. Toujours est-il que le galantin retenait amoureusement sur son cubitus la main lourde, palotte et ridée de sa voisine, tandis que celle-ci se penchait vers lui avec une complaisance qui confinait à l'abandon.

Savez-vous de quoi causaient ces deux bonnes gens en rupture de sainte Perrine? De leur prochaine union devant un curé patenté et un maire authentique. Mélanie exigeait de William une réparation et William était loin de se faire tirer l'oreille.

Seulement, il fallait avoir d'abord marié les enfants, pour être ensuite eux-mêmes tout aux voluptés conjugales. Tout convenait entre eux, l'éducation, l'âge et la fortune. Mais le malheur était que Gabriel avait fait une mauvaise connaissance, rencontré une créature, comme disait Madame Chaudeton en laissant tomber ce mot de si haut qu'on avait toujours peur qu'il n'écrasât quelqu'un : la danseuse Malvina, du grand théâtre des Folies-Bergère, une brune superbe qui adorait cravacher les gens comme il faut et cirer les lourdes bottes des palefreniers. Céleste, de son côté, avait toujours l'esprit meublé de rêveries. Elle restait des heures entières à regarder le chemin poudroyer sous sa fenêtre, et la musique des régiments, passant au grand trot de leurs chevaux, avait seule le don de la distraire. Gabriel haussait les épaules quand on lui parlait de Céleste, et Céleste s'en allait quand on prononçait le nom de Gabriel.

La promenade avait été justement organisée pour les rapprocher l'un de l'autre dans la communion des ivresses printanières. On les laissait seuls exprès, et ils en profitaient pour ne pas s'adresser une seule parole et pour faire assaut de maussaderie. Mais le soleil de mai, pourvoyeur des cœurs en détresse, n'en faisait pas moins son honteux et charmant métier. Jamais M. Minaret n'avait trouvé Madame Chaudeton plus ravissante, et jamais Madame Chaudeton n'avait autant souhaité un tête-à-tête avec M. Minaret.

III

On était parvenu au bout de l'allée, touchant ainsi au grand chemin qui borde le fleuve et fait au parc une ceinture bruyante de canotiers s'appelant et de chevaux tirant de lourdes péniches sous des tempêtes de coups de fouet. Un breack attelé de deux magnifiques chevaux noirs passe dans un tourbillon de poussière blanche. Il était conduit par un jeune officier de hussards ayant à côté de lui une jeune femme dont la toilette était un tapage de couleurs. A peine Gabriel eut-il aperçu celle-ci qu'il serra les poings avec un rugissement de colère : il avait reconnu Malvina en flagrant délit d'infidélité. En même temps, Céleste avait, elle aussi, sans doute, fait quelque découverte fâcheuse à son roman de jeune fille; car cédant à une émotion subite, la pauvre enfant se laissa doucement choir sur le gazon, la tête renversée en arrière et la gorge pleine de sanglots.

Ce spectacle arracha Gabriel à sa propre colère; s'élançant vers elle, il enlaça dans ses bras la taille de la fillette en pâmoison, glissa son épaule sous sa nuque aux cheveux dénoués et rapprocha du sien son visage, comme pour ranimer de son souffle une flamme éteinte. Elle ouvrit les yeux, de beaux yeux pleins de larmes où se lut je ne sais quelle indicible surprise, comme si elle s'apercevait pour la première fois de la mâle beauté de Gabriel, et sa bouche eut un sourire étrangement affectueux pour lui dire : Merci !

Quand lui-même l'eut aidée a se relever, il eut l'air, pendant un instant, d'un homme ivre. On eût dit qu'il craignait de remuer et de se dégager trop vite des ailes caressantes d'un rêve.

C'est que le toucher de ces formes virginales et splendidement adolescentes avait comme brûlé ses doigts. C'est que cette haleine de jeune fille nubile et immaculée, respirée de si près, et comme au calice même d'une fleur, l'avait délicieusement et implacablement saoûlé. Les odeurs de Malvina s'arrêtaient à la tête. Celle-ci filtrait jusqu'au cœur.

La grande nature avait repris ses droits et le beau soleil, bien calme, descendant derrière le pont de Sèvres, qui faisait une paupière d'ombre à son grand œil de lumière, contempla doucement ces deux enfants amoureux comme deux bergers de Théocrite, dans cet âge de pourriture et d'abjects intérêts.

IV

— Savez-vous, monsieur Minaret, que je

n'aime pas beaucoup ces vapeurs-là chez les jeunes filles ?

— Et moi, madame Chaudeton, je n'aime pas du tout l'inconvenante façon dont s'est pris monsieur votre fils pour relever ma fille.

— Mademoiselle Céleste est une mijaurée !

— M. Gabriel est un malappris !

— Elle ne sera pas ma bru, dût notre mariage à nous-mêmes manquer.

— Il ne sera pas mon gendre, dussé-je rester veuf toute ma vie.

— Au reste, vous ne m'avez jamais aimée.

— Vos inconduites avec Chaudeton sont faites pour donner à réfléchir.

— Je vous engage à me les reprocher après en avoir profité !

— Nous sommes plusieurs à qui vous pourriez dire cela.

— Impertinent !

— Pimbèche !

— Ici, Monsieur Gabriel !

— Mademoiselle Céleste, ici !

Ensemble :

— Mes enfants, vous ne vous reverrez jamais !

V

Tel était l'épilogue imaginé par M. Minaret et Madame Chaudeton à la première heure d'amour de Céleste et de Gabriel. On les a séparés. M. Minaret habite le nord et Madame Chaudeton le midi. Mais plus ils sont loin l'un de l'autre, plus leurs enfants s'adorent. Ils s'écrivent de charmantes lettres toutes pleines de fleurs. Dans sa dernière, Céleste mettait ces mots en post-scriptum, à son ami :

— « Tu sais, mon mignon, que dans trois mois nous pourrons faire nos actes respectueux ! »

LE TE DEUM

I

Cette histoire me fut contée dans les environs de Saumur, par un très vieil homme qui en savait beaucoup d'autres encore et les disait volontiers dès qu'un verre du vin rose d'Anjou lui avait délié la langue.

C'était au temps de la guerre de Vendée qu'il avait vu la chose tout enfant, et il se souvenait encore de son héros comme d'une figure vaguement entrevue. Mais il nous faut remonter plus haut, à l'époque où Robert Martin ne songeait guère à suivre les armées, affolé d'amour qu'il était pour une demoiselle noble du pays de Bretagne. L'aventure avait fait du bruit, la fille ayant résolument fui sa famille pour s'attacher à son amant. Sans naissance et sans fortune, poursuivi par des haines farouches et puissantes, Robert Martin avait mené une rude vie au bord de la mer, la rude vie des crève-de-faim qui n'ont que leur pêche à se mettre sous la dent et jeûnent les jours de tempête. Mais il était courageux, vaiment épris, saintement aimé et quand un fils lui vint, il bénit encore le ciel, ne trouvant pas qu'il fût de destinée meilleure que la sienne. Le petit Jean souriait dans ses chauds haillons et son sourire illuminait toute cette misère. Tout allait donc bien, à part que l'on manquait de tout, jusqu'au jour où la femme mourut je ne sais plus de quoi, laissant l'homme et l'enfant seuls dans la maison à jamais maudite. Robert prit le môme par la main et le conduisit, par de longs chemins silencieux, chez une vieille qui l'avait autrefois élevé lui-même. Il lui recommanda de le bien cacher, de peur que de tardives vengeances n'atteignissent l'innocent, régla par testament en sa faveur un petit héritage qui lui devait revenir à lui-même, et, jugeant qu'il avait plongé jusqu'au fond de la douleur humaine, se tourna vers Dieu. Il se fit prêtre, comme faisaient en ce temps-là les désespérés.

II

Les seuls adoucissements de sa vie austère lui vinrent encore de ce fils qu'il aimait éperdument, bien qu'il lui rappelât ce qu'il estimait être un gros péché. Comme la trace du lien qui l'unissait à ce petit être était bien perdue, il put prendre souvent l'enfant avec lui pour l'instruire et le regarder grandir à ses côtés. Car la cure où il exerçait son ministère était fort loin, dans le sud-ouest, des lieux où s'étaient passées les choses que j'ai dites, et la réputation de piété de l'abbé

Martin y était telle que nul n'aurait soupçonné le moindre orage dans son passé. Ainsi quelques années d'un bonheur calme lui furent rendues. Jean était une nature énergique et douce à la fois, tendre et virile, pleine de promesses. Son précepteur lui avait appris mille choses élevées, l'amour des faibles, le respect de la vie partout où elle se manifeste, le souci d'une existence à venir, par-dessus tout, la charité. Quand il faisait l'aumône, il adjoignait au morceau de pain ou à la pièce de monnaie donnés quelque belle fleur du jardin pour ajouter un peu de grâce à l'offrande. Puis l'enfant dut partir de nouveau, pour se faire une carrière. Il quitta le presbytère sans se douter que cet homme à soutane, qui pleurait en le serrant dans ses bras, était son père. Et cependant lui pleurait aussi parce qu'il était bon, reconnaissant, et que la douleur des autres lui faisait mal.

Quatre ans après cette seconde séparation,

le gars avait vingt ans et se jetait à corps perdu dans l'insurrection vendéenne.

III

L'abbé Martin, craignant toujours que son secret ne se découvrit, n'avait pas cherché à le revoir; mais quand il sut que l'enfant allait courir des dangers et risquer à toute heure sa vie dans une guerre sans merci, il sentit bien qu'il lui serait impossible de demeurer dans sa cure à attendre des événements dont il prévoyait l'horreur. Il prit une résolution soudaine, et, ayant appris que son fils allait combattre dans les rangs commandés par d'Elbée, il écrivit au général et lui demanda la faveur de suivre ses troupes pour soigner les blessés et consoler la dernière heure des mourants. La réponse fut celle qu'il souhaitait. Très supérieur à tous les prêtres fanatisés mais ignorants qui grossissaient la foule des révoltés royalistes, un bréviaire sous le bras et un fusil en bandoulière, l'abbé Martin fut immédiatement distingué par d'Elbée, qui en fit une façon d'aumônier en chef de son armée.

Ce que fut sa vie à partir de ce moment, je vais vous le dire en deux mots. Il avait défendu à Jean, par écrit et au nom d'un mystère qu'il ne lui pouvait révéler, de le reconnaître. Car il redoutait la curiosité de ses camarades. Jean obéit, sans chercher à comprendre, et ces deux hommes, le père et le fils, passèrent souvent, au camp, l'un près de l'autre sans que rien fût révélé à personne des émotions intimes de cette rencontre. Mais l'abbé n'en veillait pas moins de près sur son fils et quand celui-ci, de service aux avant-postes, s'en allait, sentinelle perdue, faire le guet au loin, vous auriez pu voir passer dans l'ombre de la nuit, furtive et fouettée par le vent, la robe noire du prêtre acharné à sa trace.

Cependant, un homme, un farouche, le

lieutenant Lohic, un Breton soupçonneux, entêté et impitoyable, avait épié ces sorties mystérieuses de l'abbé à la tombée du jour et ces allées et venues entre le camp et le point où l'on supposait que devaient être les vedettes de l'armée républicaine.

Le lieutenant Lohic n'avait rien dit, mais il avait pensé autant que le comportait la faible portée de son esprit.

IV

C'est à Beaupréau, une rude journée de fusillade; — on s'est battu plus de douze heures. Mal commandés encore avant l'arrivée de Marceau, les bleus ont fléchi; les bleus sont en déroute! Un immense hourrah monte du camp royaliste. Le combat avait commencé avant l'aube et il est grand jour encore quand il est terminé. L'abbé s'est multiplié sur le champ de bataille, mais c'est d'une main tremblante qu'il a pansé les plaies et d'une oreille distraite qu'il a entendu les confessions des agonisants. Sa pensée est ailleurs, angoisseuse et horriblement torturée. Pas une fois dans sa course enfiévrée sous la fumée bleue de la poudre, il n'a rencontré Jean. Il n'ose demander de ses nouvelles aux hommes de sa compagnie qu'il aperçoit. Cette abominable question dont il redoute la réponse l'étrangle au passage. Il étouffe d'inquiétude ; il râle d'inquiétude.

— Mon père, vite un autel, et qu'un *Te Deum* solennel soit chanté !

Ainsi parle le général d'Elbée, arrivant poudreux et à pied, son uniforme en loques et le visage maculé.

Le prêtre a entendu. Il marche lentement vers la petite église criblée de balles et en revient bientôt, revêtu de la chasuble en or, tenant l'ostensoir bien haut entre ses mains défaillantes. Tous se prosternent sur son passage. Il s'achemine ainsi vers un bloc de pierres roulé sur la hauteur et y pose le rayonnement vermeil de l'hostie. Un cliquetis de fusils posés à terre résonne autour de lui. Alors, dans le grand silence, sous le ciel que déchirent, à l'horizon, les blessures du couchant et qui semble boire à terre tout le sang de la bataille, l'abbé Martin, pâle, à bout de forces, entonne d'une voix où vibrait toute son âme désespérée le verset :

Te Deum laudamus, te Deum veneremur!

Que le chœur reprit après lui, sonore et superbe, tout frissonnant de foi et d'allégresse.

Il continua, mais d'un accent plus poignant encore :

Te æternum Patrem omnis terra...

Il chancela ; une sueur d'agonie lui baigna le visage ; puis ses traits se contractèrent ; une flamme diabolique s'alluma dans ses yeux ; sa bouche pleine d'écume se tordit dans un affreux rictus, et, les poings crispés, vaincu par une douleur au-dessus de toute résignation, jeté hors des gonds par une souffrance sans mesure, il poussa d'effroyables jurements, lança d'immondes blasphèmes à la face de Dieu et, d'un coup de pied sacrilège, envoya rouler l'ostensoir dans la boue rougeâtre où tous étaient agenouillés.

Ses yeux ayant encore une fois sondé l'espace, dans le tas de morts qu'on venait d'apporter sous sa bénédiction, il avait reconnu le cadavre de Jean, dont une balle avait fracassé le crâne.

V

— Voyez le traître ! Il blasphème notre victoire ! Il est avec nos ennemis !

Le lieutenant Lohic pérorait dans les foules et contait ce qu'il avait vu, pendant qu'on se précipitait vers l'abbé qui se débattait dans une fureur pleine de larmes.

— Mort au traître ! Mort au blasphémateur !

Ce fut un cri immense dans la plaine.

L'abbé se réveillant comme d'un rêve, étendit les mains, voulut parler, mais sa langue se colla à son palais. Le général d'Elbée le montra du bout de son sabre. Vingt fusils furent relevés, puis s'abaissèrent. Ils firent feu presque en même temps, et le prêtre tomba foudroyé, la face contre terre.

Il n'eut pas même la consolation de reposer auprès de celui qu'il avait tant aimé. Tandis que le corps de Jean est couché sous un des tertres glorieux élevés aux morts de cette guerre funeste, celui de Robert Martin, demeuré sans sépulture, n'aura jamais ni l'aumône d'une prière, ni la pitié d'un souvenir.

LE BALLET DES ÉTOILES

I

« On lit dans le *Gil Blas* du 25 octobre 1893, sous la signature : *Diable boiteux, petit-fils et successeur :*

« Les élégants habitués des coulisses de l'Opéra ne causaient hier soir, après le spectacle, que de l'extraordinaire accident arrivé au sympathique peintre G... H... Pendant l'orage du *ballet des Etoiles*, le jeune et élégant artiste qui en suivait les bruyantes péripéties entre deux portants est subitement tombé dans un véritable état cataleptique. Transporté dans la loge du directeur, il y a été immédiatement l'objet des soins les plus empressés. Néanmoins il fut plus d'une heure sans reprendre sa complète connaissance et dut être reconduit chez lui par quelques amis qui n'en purent tirer aucune parole.

« On se perd en conjectures sur la cause de ce long évanouissement. »

— La cause est bien simple à trouver, dit Martin Bouchut, que les succès de Georges Hauteroche rendaient affreusement jaloux. Georges est épileptique !

— Par exemple ! s'écria Maurice Vidal, qui avait été pendant dix ans le camarade d'atelier de tous deux. Jamais je ne m'en étais aperçu.

— Parce qu'il met toute sa coquetterie à cacher le mal affreux dont il souffre. Mais ces choses-là se savent toujours. Voyez plutôt autrefois le grand écrivain Gustave Flaubert, qui avait passé sa vie à dissimuler la même maladie. Il ne fut pas plutôt mort que son plus intime ami s'empressa d'en informer la postérité par la voie des journaux. C'est ce qui s'appelle honorer une mémoire! Georges aura beau faire, tout le monde saura un jour son secret.

— Et toi, tu vas te taire, animal! interrompit brutalement Jacques Bernard. Il n'y a pas un mot de vrai dans ce que tu dis !

— Au fait, reprit Maurice Vidal, tu étais hier à l'Opéra avec Georges et tu es vraisemblablement un de ceux qui l'ont accompagné jusqu'à sa porte?

— Je ne l'ai pas quitté de la nuit.

— Alors tu sais peut-être...

— Certainement je sais. Georges n'a rien de caché pour moi.

— Et peut-on connaître ?...

— Toi, Martin Bouchut, cela ne te regarde pas. Mais quand tu seras parti, je me ferai un vrai plaisir d'éclairer Maurice sur cet « extraordinaire accident », ne fût-ce que pour lui procurer le plaisir de te donner, comme moi, des démentis chaque fois que tu calomnieras ce brave Georges.

— C'est bien ! on s'en va ! grommela Bouchut en faisant claquer derrière lui la porte.

II

Et Maurice Vidal ayant allumé une cigarette, Jacques Bernard commença son récit.

— Tu sais, dit-il, de quel chagrin se meurt ce pauvre Georges, malgré sa feinte gaieté et l'égalité apparente de son humeur ? Tous ceux qui ont connu Laura Fonti comprendront qu'il n'ait pu se consoler de sa perte. Tu ne fréquentes pas le corps de ballet de l'Opéra ; apprends donc seulement que, depuis cette belle Montaubry dont s'entretenaient nos grands-pères et dont le portrait dans son rôle de *Sylvia*, un carquois à l'épaule et un arc à la main, soulève encore l'admiration de tous ces convaincus, aucune beauté aussi complète n'avait resplendi dans le ciel chorégraphique. Grande, merveilleusement découplée, avec des jambes superbes, elle faisait aussi penser à cette Diane de Gabies que les délicats classent parmi les plus purs chefs-d'œuvre de la statuaire antique. Bonne et gaie avec cela. Descendant volontiers de l'Olympe lui-même pour casser, de ses doigts mignons, des œufs frais sur des lames de truffe, à seule fin de confectionner à ses amis une omelette sans rivale; camarade exquise et amie sûre; instruite par-dessus le marché, et aimant toutes les belles choses. — La plus délicieuse maîtresse, en un mot, que pût rêver un artiste. Georges en était fou et la mort prématurée de cette admirable fille l'a, lui-même, je le crains, sinon mortellement blessé, au moins déchiré d'une inguérissable blessure.

Tu n'es pas sans avoir aperçu, au bout de ta lorgnette de philistin, Laura Fonti dans sa belle création de Séraphia du *Ballet des Etoiles?* Elle adorait cette danse dans la lumière et se grisait de clarté, comme les papillons qui palpitent dans un rayon de soleil. — Il me semble, disait-elle quelquefois, que ce feu éclatant va m'emporter avec lui en montant vers les cintres et que, sur ses ailes, traversant les voûtes de pierre, j'irai jusque dans le pays des constellations et des voies lactées!

Un mois après la première représentation, elle mourait prosaïquement d'un chaud et froid. On meurt de rien après avoir vécu de mieux!

III

Il y a un an de cela. Georges n'était jamais revenu sur la scène de l'Opéra pendant les représentations. Tu n'ignores pas qu'il fait autorité au théâtre et que les directeurs lui demandent volontiers son avis, sinon son concours, pour tous les décors dont, mieux que personne, il saisit, critique et définit les effets de lumière. Or, hier, on inaugurait, à l'Académie nationale de musique, une machine dont l'intensité dépasse tout ce qui a été inventé depuis que feu Sa Majesté le Gaz a pris définitivement sa retraite. Imagine, mon ami, des bobines Ruhmkorff grosses comme des muids, multipliant la puissance de courants obtenus avec des éléments gigantesques. Ce prodigieux appareil donne des étincelles qui traversent la scène tout entière et dont le bruit est vraiment celui de la foudre. Tandis qu'il fonctionnait hier soir, pour la première fois, terrifiant les danseurs, les ballerines et les machinistes eux-mêmes, les cintres semblaient traversés par des milliers de flèches éclatantes, et, au dehors, le monument tout entier suait une véritable buée de lumière, si bien qu'il y avait communication véritable entre le foyer magnifique et les astres nocturnes rayonnant dans l'immensité bleue.

On en était arrivé au moment du ballet où, tandis que la plus humble des marcheuses porte elle-même, sur le front, une véritable étoile dont un imperceptible globe de verre amortit le feu en le colorant, Séraphia descend dans un nimbe stellaire, déroulant de ses deux mains étendues, et ouvrant en deux ailes égales sa chevelure où courent d'authentiques étincelles, ses pieds sur un globe incandescent. Mademoiselle Maffiolini qui tient maintenant l'emploi, bien qu'ayant mimé plusieurs fois ce tableau, fut prise de nouvelle, peur, en voyant centuplés, par la machine les effets auxquels elle était accoutumée. Un temps d'arrêt se fit, pendant lequel Georges, d'après sa propre expression, sentit mourir dans ses oreilles comme un brouhaha lointain, le bruit d'une mer qu'emporte son reflux.

Une chose inouïe passa alors devant ses yeux.

Du ciel de la scène d'où filtrait une surna turelle clarté, il vit descendre des formes flottantes, aériennes, et dont la venue traversait l'espace d'insaisissables frissons. Le vol silencieux des cygnes à l'horizon pourrait, seul, en donner une idée lointaine. Une odeur mêlée de fleurs et de femmes enveloppait ce mystérieux cortège. Un de ces charmants fantômes s'approcha du globe éblouissant sur lequel Maffiolini avait hésité à poser son pied nu et, s'y laissant tomber comme un oiseau qui s'abat sur une branche, se mit à lui faire accomplir sa course avec un mouvement d'une grâce surnaturelle. Dans l'éblouissement de cette descente, Georges, épouvanté et ravi à la fois, reconnut le beau visage rayonnant de Laura Fonti dont les cheveux scintillaient comme des flots sur lesquels le soleil se couche. Elle vint ainsi jusqu'à lui, roulant sans le moindre bruit le long d'un chemin invisible. Et, d'une voix plus harmonieuse que la plus belle musique, mais plus frêle qu'un murmure du vent : — « Ami, lui dit-elle, mes sœurs et moi, nous habitons maintenant la lumière. Les planètes les plus éclatantes sont celles où nous aimons à vivre. Jupiter et Sirius sont nos séjours accoutumés. Mais, cette nuit, ce coin de la terre rayonnait d'un tel flamboiement dans l'étendue que, mes sœurs et moi, la curiosité nous prit de nous mêler à cette flamme. Mais voici que cette grande clarté fléchit... Adieu ! »

— Quand je revins à moi, dit Georges, les premiers mots humains que perçut distinctement mon oreille furent ceux-ci que prononçait le directeur : — Admirable, l'expérience ! Mais l'effet manque encore de continuité. — Monsieur, répondait l'inventeur, encore un perfectionnement et cette mirifique lumière n'aura plus d'éclipse. Alors je reverrai peut-être Laura tous les soirs !

V

— Quelle canaille tout de même que ce Bouchut ! conclut Maurice Vidal. Si tu ne m'avais conté la vérité, je croirais que notre pauvre Georges est atteint d'un mal pire que la folie.

— Sois tranquille, acheva Jacques Bernard. Quand nous serons morts tous deux, il l'écrira tout de même dans une revue.

SOLDE DE COMPTE

I

Croiriez-vous que ce farceur de Jacques a eu le toupet de venir, ce matin, me proposer de lui prêter quatre mille francs ? Ah ! il ne pouvait mieux s'adresser ; car, moi, je ne compte pas avec mes amis, et je lui ai bien donné pour cinq mille six cents francs de morale et de bons avis, sans même exiger, de lui, la moindre reconnaissance sur papier timbré. Je ne lui demanderai même pas de me tenir compte de la différence quand nous réglerons. S'il a seize cents francs de bénéfice, ce sera tant mieux pour lui ! Je suis prodigue et m'en vante. Et cependant, il ne paraissait pas satisfait en s'en allant.

Quatre mille francs, comme ça, à la fin du *mois de l'an !* Car, vous savez, je ne dis plus : *le jour de l'an.* Je dis : *le mois de l'an.* puisque la période des pourboires commence le 15 décembre et se termine fin janvier. C'est même un mois plus long que les autres. Et ce mois-là pourrait prendre pour devise celle du maître d'armes de M. Jourdain : Toujours donner et ne jamais recevoir.

Pauvre Jacques ! Au fond, j'ai du remords de lui avoir offert une monnaie si difficilement échangeable. Que va-t-il faire ? Mon Dieu, vous me direz qu'il mérite bien ce qui lui arrive, et qu'il est bien d'âge à ne plus être amoureux à perpépuité. Mais, est-ce qu'on se refait ? Au fond, il n'y a jamais qu'un homme qui ait changé ; c'est saint Paul ! et cela seulement a suffi à lui faire une publicité dont la Revalescière du Barry elle-même, la douce Revalescière qu'elle est, aurait le droit d'être jalouse. Jacques a fait une bêtise, d'accord ! Mais, est-ce bien le moment de la lui reprocher ? Je ferais mieux de vous la conter d'abord.

II

Certes, mademoiselle Antonia d'Albe, dont l'aïeul n'était pas le farouche oppressseur des Flandres, l'Espagnol noir tout vêtu d'acier, mais simplement un doux gardeur de pourceaux nommé Rabasson. — Je tenais à vous dire cela, pour que vous n'ayez pas la mauvaise pensée de rendre l'innocente Antonia responsable de crimes qui n'ont pas été commis dans sa famille. — Mademoiselle d'Albe, dis-je, est digne d'inspirer une passion sérieuse à un être fervent pour les choses de la beauté feminine. Une tête admirable, d'une régularité antique, et un corps dont on m'a dit le plus grand bien dans le monde des gens qui s'y connaissent, et qui sont moins communs que vous ne le pensez. Jacques la vit. Jacques l'aima. C'est fatal. Tout homme de goût a un idéal de la femme, et chaque fois qu'il rencontre une médaille frappée à cette empreinte, il se précipite dessus avec la joie d'un collectionneur amoureux. Ceux dont l'idéal court les rues ont ainsi beaucoup d'occupation. Mais ceux qui, plus difficile, exigent un type rare, ne le rencontrent peut-être qu'une ou deux fois dans la vie. Aussi faut-il voir avec quelle ardeur ils le poursuivent.

Or c'était le cas. Voilà dix-huit mois que cela dure et je crains bien que ce malheureux Jacques ne reste encore sur un appétit ressemblant fort à la famine si les choses se continuent comme je le crains. Il est des femmes qui vous prennent par tous les sens et se glissent dans votre être par tous les pores. La belle expression populaire : « Avoir une femme dans le sang » pour dire : l'aimer furieusement, est la plus juste du monde.

Tenez, le parfum naturel de certaines femmes est un danger mortel pour la raison, une embûche de l'amour dont on ne se dégage pas. L'ombre du mancenillier lui-même est moins périlleuse et moins cruelle. Jacques est positivement sous le charme. Et cependant il faut que Jacques brise ses liens ; — il n'a plus le sou.

II

« Plus le sou » est une exagération — mais enfin il est prodigieusement endetté. Il a mangé, haut la main, une centaine de mille francs avec cette belle fille et il connaît, comme pas un, les maisons de tous les usuriers. C'est pour désarmer un de ceux-ci qu'il m'était venu trouver dès l'aube. Vous savez, le farouche Jacob Pingrim dont je vous ai raconté déjà toutes les vilenies ? Un effet de quatre mille francs à payer ou la saisie immédiate ! Pingrim ne plaisante pas.

En désespoir de cause, Jacques avait fait une bêtise de plus : hier au soir il avait proposé à Antonia elle-même de lui prêter l'argent. Celle-ci lui avait ri au nez, en lui déclarant qu'elle n'avait pas la somme. Comme on ne s'enferre pas à demi, il avait eu le mauvais goût d'insister, en lui proposant de mettre quelques bagues au clou. Alors elle l'avait regardé d'une singulière façon, et lui avait demandé gravement s'il plaisantait. Il était donc doublement malheureux, ayant offensé celle qu'il aime et s'étant gratuitement commencé une vilaine réputation. Car, vous le savez, avec certaines femmes c'est réglé ; vous leur auriez donné la fortune de Rothschild que si vous avez le malheur de ne pas leur rendre dix sous qu'elles vous ont prêtés un soir au théâtre, pour désintéresser une ouvreuse, elles crieront bien haut qu'elles vous ont entretenu. — Tenez, je connais une délicieuse comédienne à qui un souverain étranger a fait bâtir un des plus beaux hôtels de

Paris et fait d'admirables rentes; eh bien! quand le prince infortuné vient passer deux jours avec sa belle, celle-ci affirme à son entourage qu'elle est en retour avec lui et qu'il lui coûte les yeux de la tête. — Mais ceci soit dit en passant : une légère excursion dans le domaine de l'observation parisienne. — Je reviens à Jacques. Pourvu que le pauvre diable ait trouvé son argent! J'aurais bien mieux fait de le lui prêter... Mais, au fait, je ne l'ai pas. Il me reste encore cinquante sous pour aller au 1er février, et encore!... je crois que la pièce de dix sous est fausse. Tiens! on sonne...

Encore Jacques!

IV

— Mais qu'as-tu, mon ami? comme tu es défait!

— Ah! mon cher, si tu savais ce qui m'arrive...

— Tu n'as pas trouvé les quatre mille francs ?

— Si fait, et maudit soit l'imbécile qui me les a prêtés !

— Je te ferai observer que ce n'est pas moi. Mais dis vite. Tu me remercieras après.

— Eh bien ! tu sais avec quelle cruauté Antonia m'a refusé, hier soir, de m'aider à sortir du gouffre où je me suis plongé pour elle. Tu comprends que je m'étais piqué d'honneur. J'ai couru toute la journée.

— C'est vrai ; il est cinq heures.

— J'ai frappé à quarante-sept portes, — je les ai comptées ; — j'ai avalé plus d'humiliations qu'il n'en faudrait à vingt capucins pour faire leur salut. Enfin, le commandant Laripète — ah ! la bête brute ! — oui, cet âne de commandant Laripète a ouvert son tiroir et m'a compté les deux cents louis. Ces militaires ! ça a du cœur. Mais quels insensés ! Est-ce que j'offre une surface, moi ? Est-ce que j'ai des répondants ? Et ne faut-il pas avoir vraiment perdu la tête pour me prêter de l'argent?

— C'est ce que je me disais, ce matin, en t'en refusant.

— O mon bienfaiteur! ô mon père! Enfin, j'ai les fonds. Au lieu de les porter tout droit chez Pingrim, j'ai l'idée fatale d'aller narguer Antonia à domicile. J'entre chez elle avec les billets de banque à la main et je les pose triomphalement sur la cheminée :

— Tenez, madame, vous voyez que je n'avais pas besoin de vous. Mais votre dureté m'a indigné, et tout est fini!

— J'aime à voir, me répond-elle, que vous rompez en galant homme!

Et avant que j'eusse eu le temps de les défendre, elle avait sauté sur les banknotes et les avait mises dans sa poche.

— Eh bien?

— Eh bien! tu me sais trop bien élevé pour les lui reprendre de force. Elle les a, elle les gardera; et maintenant il faut, après cette journée de déboires héroïques, aller me jeter aux pieds de Pingrim pour lui demander un peu de temps ou le renouvellement de mon effet.

Et Jacques sortit désespéré.

Une heure après, je recevais de lui ce mot écrit à la hâte :

« Sors de chez Pingrim. Avait été payé par Antonia. Calomnié celle-ci. Un ange ! »

— Brave fille ! pensai-je en moi-même. C'est égal, si c'était une plaisanterie, elle a eu tort de la faire durer aussi longtemps. O les femmes ! Comme les meilleures, elles-mêmes, aiment à faire souffrir !

V

Il était l'heure du dîner et je sortais de chez moi. — Tiens, ce vieux rabougri qui porte une toque de loutre râpée, c'est une antique connaissance. C'est papa Pingrim lui-même : — Bonsoir, vieux coquin ! Eh bien ! nous venons donc de poursuivre un peu l'ami Jacques, histoire de n'en pas perdre l'habitude. Mais une belle dame est venue qui a payé pour lui...

— Oh ! oh ! payé !... dit en souriant Jacob Piagrim. Antonia n'est pas si bête.

— Comment ? Antonia ? Vous la connaissez donc ?

— Si je la connais ! Voilà dix ans que nous faisons des affaires ensemble. Mais elle sait trop mon faible et je crois bien qu'elle vient encore de me faire faire une sottise ! Ah ! ces diablesses de femmes ! Et puis, celle-là est si jolie ! Rachel sur le seuil de Laban...

— Ah ! ça, vieux polisson, est-ce que...

— Tiens ! tiens ! tiens ! et pourquoi pas ? Ça me coûte assez cher ! Ainsi, j'en suis sûr maintenant, elle m'a enjôlé et je viens de perdre de l'argent avec elle... Mon pauvre petit argent !

— Comment cela ? lui demandai-je inquiet.

— Eh bien ! je viens de lui vendre pour

quatre mille francs toutes les créances en retard de votre ami Jacques que j'avais collectionnées avec grand soin. Elle m'a affirmé qu'il était absolument ruiné, et que je n'en aurais rien. J'ai peut-être eu tort de la croire et de lui donner, à si bon marché, tous ces papiers-là.

— Mais qu'en veut-elle faire ?

— Tiens ! le poursuivre, elle-même, pour s'amuser !

J'étais atterré.

Et le pauvre Jacques qui venait de m'écrire qu'Antonia était un ange !

Avec les femmes, il ne faut s'étonner de rien.

LA BRUYÈRE BLANCHE

I

Je serais mal venu, lecteur ami, je le sais, à te conter aujourd'hui quelque facétieuse aventure de l'apothicaire Visalœil ou de l'amiral Le Kelpudubec. Aussi bien, n'en ai-je, moi-même, nulle envie. Pour les sceptiques, plus encore que pour les croyants, le jour des morts est triste entre tous, puisqu'il rouvre, au profond de nos cœurs, les tombes mal fermées que ne fleurissent pas, pour plusieurs, les espérances d'immortalité et de retour. Ma tristesse est donc sœur de la tienne. et il me faut chercher, dans ma mémoire, quelque mélancolique récit dont ni l'une ni l'autre ne soit offensée. Je le choisirai encore cependant dans la vie militaire, ne fût-ce que pour montrer à ceux qui ont cru voir, dans l'innocente histoire du commandant Laripète, de mauvais sentiments pour l'armée, combien ils se trompent à mon endroit. Quiconque a porté l'épée aime l'armée. Quiconque aime son pays aime aussi l'armée.

Seule et dernière dépositaire des traditions d'honneur et dans un siècle où les croyances ont fait place à des appétits, jamais elle n'a mieux mérité le culte de ceux que révolte l'égoïsme contemporain. Dans ce temps des vaines paroles, où ceux qui ont accepté de servir la patrie, au premier rang, n'ont que des discours à lui offrir, ceux qui lui donnent encore leur sang valent bien qu'on les salue. Pour ceux-là seulement, le vieux mot d'héroïsme qui soulevait naguère un monde plus jeune et plus généreux, n'est pas un mot sans portée. En dépit de l'avilissement des consciences et des âmes, ils demeurent, à travers les siècles, les frères des vaillants qui mouraient aux Thermopyles et que sacrait le souvenir de la postérité. A notre armée française un nouveau prestige est venu de ses défaites mêmes si chèrement achetées par le nombre, si vaillamment supportées par un immortel espoir dans les destins du pays. Aujourd'hui donc, comme autrefois, plus qu'autrefois, je m'écrierai :

O gloire des soldats mourants dans les batailles !
Seule gloire debout et qui tente l'effort !
Je t'envie à qui meurt pour le droit du moins fort
Et mon rêve te suit parmi les funérailles.

Près d'oublier l'horreur de ce grand champ de mort,
Où, le vol des chevaux disperse vos entrailles ;
Où couchés sous le vent des lointaines mitrailles,
Vous reposez en paix, meurtriers sans **remord** ;

Je pense que du moins, seuls, à l'heure où nous sommes
L'amour du sacrifice a fait de vous des hommes ;
Qu'insoucieux du but, — du devoir convaincus,

Vous le servez quand même et d'une âme aguerrie.
O gloire de tous ceux que pleure la patrie,
Je t'envie à qui meurt pour le droit des vaincus !

II

Le capitaine Chanteclair passait pour un des officiers les plus gais de l'armée. Il n'avait pas son pareil, en effet, pour chanter une chanson joyeuse à table et pour conter, au café, quelque gauloiserie. — Quel bon vivant ! disait-on de lui, à moins qu'on ne dît : — Quel boute-en-train ! — En voilà un gaillard qui n'engendre pas la mélancolie ! ou bien : — Heureuse nature que le capitaine Chanteclair ! le chagrin ne peut rien sur lui ! Le capitaine laissait dire.

De vous à moi, c'était tout simplement un sage et un discret. Un sage, parce qu'ayant une grande douleur au fond de l'âme, il craignait de la prostituer en la laissant deviner à des indifférents ; un discret. parce qu'il pensait, avec raison, que l'homme doit garder ses maux pour soi-même et ne pas attrister ses pareils de ses propres misères. Poussant cette théorie aux extrêmes, Chanteclair se croyait tenu de faire d'autant plus de frais pour égayer ceux-ci qu'il en ressentait moins l'envie. Doué d'un tempérament jovial qu'une immense peine avait déchiré, il aimait à en secouer les lambeaux aux nez des passants et s'en était fait comme un voile éclatant, mais impénétrable, derrière lequel nul ne pût pénétrer le secret de son deuil intérieur.

Ce deuil mystérieux et profond lui venait de la perte d'une femme qu'il avait passionnément aimée et que la mort lui avait prise en plein épanouissement de confiance et de jeunesse. Il l'avait pleurée comme un fou, dans l'ombre ; puis, n'ayant plus de larmes, il avait enseveli son souvenir au meilleur et au plus caché de son être, aimant la solitude pour ce qu'elle lui ramenait l'absente envolée, mais ne la cherchant pas pour ce qu'il en sentait le danger. Pour tous il avait repris sa vie d'autrefois, sa vie d'officier sans souci. Mais ce qu'il y avait au fond de cette belle humeur, c'était la ferme intention de mourir à la première occasion glorieuse. C'est alors que la guerre de 1870 éclata.

III

On ne fait pas toujours ce qu'on veut. Chanteclair eut beau se jeter au milieu des balles à Gravelotte, il en obtint bien trois, mais dont pas une seule ne lui fit une blessure mortelle. Il fut ramassé sur le champ de bataille par une ambulance prussienne et se retrouva prisonnier de guerre à Heidelberg dans une pauvre famille russe qui, aimant passionnément la France, avait demandé à le recueillir. Par le même sentiment stoïque qui lui avait fait toujours cacher à tous, sous une feinte gaieté, ses souffrances morales, il tint à honneur de ne pas paraître vaincu davantage par les physiques, et, à peine ses plaies glorieuses cicatrisées, il émerveilla ses hôtes et ses camarades d'exil par l'égalité de son humeur et la verve de son esprit. J'insiste sur ce point de la nature du capitaine, parce que beaucoup ne se doutent guère de ce que coûte à une tristesse cachée un éclat de rire ou une chanson et quel orgueil est au fond de certaines joies bruyantes. Bref, il se fit adorer des braves gens qui lui faisaient moins dures l'absence de la patrie et la perte de la liberté.

IV

Un jour cependant, se sentant succomber sous le poids de ses souvenirs, il remonta dans sa chambre et s'y enferma pour permettre à sa douleur une heure de lâcheté et d'abandon. C'était le jour où nous sommes, le jour des Morts! Accoudé devant sa fenêtre, en face d'un paysage étranger que poudraient les premières neiges, il sentit des larmes lui remonter, brûlantes, dans les yeux, courbé qu'il était sous le double deuil de sa patrie vaincue et de sa bien-aimée morte. Il songea que ce grand linceul allemand s'étendait jusque sur le cœur même de la France et en glaçait les battements. Il songea que tout ce qu'il avait adoré, sa femme et son pays, lui était ravi pour jamais. Il songea surtout que la pauvre trépassée n'aurait pas ce jour-là, pour la première fois depuis dix ans, son bouquet de bruyères blanches. Un poème d'antan que ce bouquet! Une superstition d'amoureux! Elle avait à la main une gerbe de ces fleurs la première fois qu'il l'avait rencontrée, et l'accord de leurs âmes s'était si vite fait qu'il en avait emporté un brin la première fois qu'il l'avait quittée. De ce don de fiançailles, la mort avait fait une relique qu'il portait sur lui le jour de la grande bataille. Chaque année, en ce temps de souvenir, il rajeunissait de bruyères nouvelles le petit jardin funéraire dont le sable avait si souvent déchiré ses genoux. Certains détails sont ce que la douleur a de plus poignant, sinon de plus profond. Vous me croirez si vous voulez et surtout si vous avez éprouvé quelque chose de semblable, mais l'idée que la morte souffrirait de cet abandon et regretterait ses fleurs accoutumées se mit à torturer Chanteclair si cruellement que, son cœur de bronze se fondant comme dans une coulée, l'humble héros se mit à sangloter comme une femme, la tête enfouie dans ses coudes, haletant et laissant couler sur ses manches de vrais ruisseaux.

Pauvre bougre !

Puis il demeura dans une sorte de prostration qu'un rêve traversa, un rêve ailé dont le vol lui caressait le front.

V

Celle qu'il pleurait s'approchait doucement

de lui, d'un pas sans frôlement, silencieux comme la course des ombres quand le soleil les fait tourner autour des choses. Elle ne semblait pas souffrir, car elle souriait et ses beaux yeux paraissaient ouverts sur un doux spectacle. Sa chevelure dénouée n'avait pas les tragiques emmêlements du désespoir, mais tombait sur ses épaules en ondes calmes et dorées comme celles d'un lac au soleil couchant. Elle était si près de lui qu'il sentait passer son souffle sur son visage. Tout à coup, ses deux mains effilées et blanches se dégageant du long voile qui l'enveloppait, elle lui tendait un bouquet tout blanc...

L'image avait pris une telle intensité que le capitaine se réveilla de sa torpeur en poussant un cri.

Sur sa table, devant lui, était une gerbe de bruyères que la neige avait faites toutes blanches.

Et sur le seuil de la chambre, Eva, la fille de ses hôtes, une enfant de six ans, se tenait honteuse et toute peinée, ce sursaut ayant gâté la surprise qu'elle voulait faire au prisonnier.

Chanteclair se leva. Il comprit ce que valait cette pitié d'une fleur que lui apportait la pitié presque aussi inconsciente d'un enfant! Il embrassa la petite fille, puis, revenu devant le bouquet, il se mit à songer que, le jour des Morts, ce sont les trépassés peut-être qui nous plaignent d'être encore captifs du tombeau bruyant qu'on appelle la vie, et que quelquefois aussi ils apportent mystérieusement des fleurs à ceux d'entre nous qui ne peuvent plus aller jusqu'à leur mausolée!

GALANTERIE D'ANTAN

I

Comme elle était près de sa boîte à ouvrage en bois de rose encadrant des velours tendres, la belle marquise y prit une mignonne paire de ciseaux en or et coupa une petite mèche dans la chevelure crespelée de son ami, une petite boucle de fils d'argent ; car, bien qu'il n'eût pas trente ans, le capitaine portait de neige, comme on dit encore en Gascogne. Puis, dans un petit médaillon, délicieusement ciselé et orné d'émaux de Limoges représentant l'Amour avec ses divers attributs, elles glissa ce souvenir vivant et accrocha le tout à un bracelet que lui avait donné le bel officier.

— C'est pour la vie ! lui dit-elle.

Et de fait, quand il revint de la guerre plus blanc encore, mais aussi plus amoureux peut-être, il revit au bras de sa bien-aimée l'anneau fidèle auquel pendait toujours le reliquaire attaché autrefois. Et pourtant trois ans s'étaient passés entre cet adieu et ce retour, entre le gage accepté et le gage retrouvé. Aussi la constance de Jeanne devint-elle à Gaston un motif d'attachement si profond qu'il ne conçut plus la vie sans elle. Ce sont les noms de la marquise et du capitaine que je viens de vous donner — leurs petits noms, — car, en amour, qu'importent les autres ! Jeanne était veuve de son état ! Cet imbécile de Gaston, — je ne marchande pas la vérité à mon héros, — lui avait demandé cent fois sa main. Elle était riche, mais lui aussi avait du bien. Tout semblait donc convenir entre eux. Pourtant, elle l'avait toujours repoussé avec un charmant sourire.

— Mon ami, lui disait-elle, de son adorable voix légèrement flûtée, ne sommes-nous donc pas parfaitement heureux ainsi ?

Que répondre ? Avouer à une femme qui se donne corps et âme à vous qu'il manque quelque chose à votre bonheur, est tout simplement une impertinence.

Vous voyez qu'elle était infiniment plus spirituelle que lui. C'est presque toujours comme ça.

II

Elle aimait le monde. C'était de son âge et de sa beauté. Les hommages ne manquaient pas autour d'elle. Elle recevait la société la plus choisie. Elle se laissait faire même un tantinet la cour, mais une cour discrète. Parmi les plus empressés était le jeune conseiller Léopold (vous vous fichez bien autant que moi de sa famille, mais tenez pour certain qu'il était d'excellente maison). C'était un magistrat de belle tenue, ayant fait condamner beaucoup de pauvres diables, ce qui lui valait une grande estime dans son métier. De prestance imposante avec cela, de figure noble et le chef couronné d'une admirable chevelure noire aux ondes artistement modelées par le fer. Il disait en souriant leur fait aux coupables et même aux innocents; il vous avait une façon courtoise de les envoyer à l'échafaud ou au bagne qui faisait de ces sinistres voyages de véritables parties de plaisir. Un peu poète avec cela, ayant été distingué à l'Académie pour son éloge de Lamoignon, rimant des idylles pleines d'innocence et des sonnets pleins de passion. Un instant Gaston eut une velléité de jalousie à son endroit. Mais Jeanne lui rit si franchement au nez quand il laissa deviner cette faiblesse qu'il fut honteux à ne savoir où se cacher. Qu'est-ce donc qu'un procureur auprès d'un capitaine ! Est-ce donc pour les belles que fut écrit le célèbre adage : *Cedant arma togæ !* Est-ce qu'on vit jamais Vénus quitter le camp céleste de Mars pour l'antre olympien de Thémis ? Lycoris n'avait-elle pas fui le doux Gallus, tant aimé de Virgile, pour se faire dire par le poète désolé :

> Nunc insanus amor duri te artis in armis,
> Tela inter media atque adversos detinet hostes !

Vous radotez, Gaston de mon âme ! Une femme bien élevée n'hésite pas entre la culotte et le jupon ! Gaston se demanda s'il n'avait pas été fou. Et puis le médaillon n'était-il pas là, se balançant toujours au cercle d'or, ce médaillon qui, seul, lui conservait encore des cheveux ! Car, pour ceux de sa tête, il ne les fallait plus compter, ou plutôt, on les comptait trop facilement.

III

Et puis, pourquoi jaloux de Léopold plutôt que des autres? N'y avait-il pas aussi le financier Ludovic (celui-là était de petite naissance, mais décrotté par une si belle fortune !) qui faisait le paon autour de la belle marquise? Pas mal ce financier, bien que rouge comme une carotte. Mais il avait le rouge gai, un beau rouge de queue de renard et la peau très blanche, pailletée d'or, sous ce pan de fourrure. Il ne causait pas seulement des vilenies de son état, mais savait tourner un compliment aussi bien que tout autre. En vérité, pour être logique, il faudrait être jaloux de tout le monde quand on est l'amant d'une femme universellement désirée. Gaston se disait tout cela, et aussi qu'il avait une raison meilleure que toutes les autres de ne pas douter de la fidélité de sa maîtresse, l'humeur de plus en plus caressante de celle-ci, et les emportements de la tendresse qu'elle lui témoignait.

— On ne peut pas aimer deux personnes, en même temps, avec cette frénésie-là ! se disait-il en haussant les épaules. Après ce qu'elle me donne, que pourrait-il demeurer pour les autres ?

Pour le coup, mon ami Gaston, vous raisonnez comme une oie et vous ne rendez pas aux besoins affectueux de la Femme la justice qu'ils méritent. *Nec pluribus impar* est la vraie devise de toutes celles qui méritent ce nom. O source sans cesse renaissante de caresses, océan de serments et de mensonges délicieux, vendeuse d'infini, ô Femme, comme ce militaire méconnaissait les trésors de plaisir et d'infamie dont tu disposes !

IV

La belle marquise allait partir le lendemain pour ses terres, Gaston avait beaucoup pleuré, dans l'après-midi, avec elle. Car on se séparait pour un grand mois ! Elle était venue, pour faire ses adieux au monde, passer la soirée chez la vicomtesse où tous ses adorateurs, aussi bien que ses rivales, étaient réunis. On fit de la musique et on dit du mal des absents. Mais le capitaine et sa belle amie n'étaient ni aux insipides roulades des chanteurs ni aux ridicules épigrammes. Un grand recueillement, douloureux et doux à la fois, leur venait du départ prochain. La marquise devait partir seule; les convenances le voulaient ainsi. Quand elle se leva vers minuit, ses regards échangèrent avec ceux de Gaston les plus mélancoliques regrets. Puis elle s'emmitoufla de soie blanche et de duvet de cygne et bientôt le roulement de sa voiture apprit à son amant qu'elle était déjà loin, emportant tout son cœur. A ce moment ses yeux s'abaissant vers le tapis du salon, il aperçut à terre le médaillon de Jeanne qui s'était certainement détaché du bracelet dans les poignées de main échangées sur le seuil. Mais, au moment où il se précipitait pour le ramasser, le conseiller Léopold le bouscula presque pour l'atteindre avant lui.

— Pardon, monsieur, dit le magistrat très rouge, mais c'est moi qui rapporterai ce bijou à la marquise.

— Vous êtes un impertinent, monsieur ! dit le capitaine, et vous me rendrez raison de ce que vous venez de dire.

Ces mots furent échangés à voix basse, et, comme il convient entre gens bien élevés, personne ne les entendit.

— Soit, monsieur, avait répliqué sur le même ton le conseiller, mais vous ne me le reprendrez qu'avec la vie.

V

On se battit le lendemain dès l'aube. Le conseiller était brave et reçut un coup d'épée en pleine poitrine. Suivant les conventions faites auparavant, avec les témoins, le médaillon fut remis à Gaston qui le couvrit de baisers fous.

— Monsieur, dit-il à Léopold qui était en train de mourir, fort convenablement, je ne veux pas que vous croyiez que je vous ai tué pour un motif futile. Sachez donc que ce médaillon contenait une mèche de mes cheveux.

— Vous vous trompez, monsieur, répondit le moribond; c'était une boucle des miens qui y était enfermée.

Et il expira sans avoir manqué un seul instant de tenue.

Gaston, interdit, ouvrit nerveusement le bijou et y trouva une cinquantaine de brins fauves évidemment cueillis sur le front du financier Ludovic.

O source sans cesse renaissante de caresses océan de serments et de mensonges délicieux, vendeuse d'infini, ô Femme, qui saura jamais dire combien tu es belle et infâme à la fois !

MÉLANCOLIE D'AVRIL

I

Il y avait trois jours que je n'avais vu Jacques quand, hier, j'entrai dans sa chambre, sur la pointe des pieds, vu l'heure matinale. Jacques n'était cependant pas dans son lit. Mais il dormait lourdement, dans une pose tourmentée comme ceux que le sommeil n'a pas bercés, mais vaincus. Il dormait penché en avant de son siège et comme affalé sur son coude, qui, poussé jusqu'au milieu de sa table, servait d'appui à son avant-bras vertical au sommet duquel son poignet se tordait sous sa tête alanguie. Ses deux chevilles croisées avaient la crispation des équilibres douloureux. Devant lui, les bougies avaient brûlé jusqu'au bout dans leur flambeau d'argent à deux branches, et un petit rameau de lilas pâle, de ces lilas de banlieue que l'ombre des cités fait chlorotiques, penchait tristement la cime flétrie de sa grappe sur le bord d'un vase du Japon.

Je l'aurais réveillé, tout de suite, par pitié, pensant aux abominables torticolis qu'il devait contracter dans cette posture, si je n'avais aperçu, entre le flambeau et le vase, une feuille de papier écrite en lignes courtes et régulières. Jacques, vous en avez pu juger, n'est pas mélancolique à l'ordinaire. Mais il a, comme un autre, — plus rarement cependant que les autres, — ses heures de tristesse. Seulement il sait que celles-ci passent plus vite à les faire sonner au timbre d'or de la rime. Ovide appela *les Consolations* son plus beau livre. Jacques ne fait pas de livre, mais il note volontiers ses fugitives douleurs et les chante, histoire de charmer, comme Orphée autrefois, par la puissance de la mélodie, ces bêtes méchantes que nous portons en nous.

J'étais donc bien sûr, en lisant les vers oubliés sur la table, d'en savoir immédiatement plus long sur l'état de son âme qu'en l'interrogeant lui-même pendant une journée tout entière. Vous me direz que le procédé manque peut-être de discrétion, mais, au point où nous en sommes, Jacques et moi, il est le plus naturel du monde. Il est convenu qu'il me raconte tout ce qu'il fait et tout ce qu'il pense. Je ne fais donc que réparer ses propres omissions en découvrant le reste. Il était bien malin d'ailleurs de pressentir qu'un chagrin d'amour avait mis seul mon ami dans cet état! Et les chagrins d'amour de Jacques n'ont aucun droit au respect mystérieux dont s'entourent les souffrances éternelles.

Conclusion : je m'inclinai le long de son épaule et je lus.

II

Je lus ceci :

Nous nous disions : quand le Printemps
Ramènera, dans son haleine,
La splendeur des lis éclatants
Et l'allégresse de la plaine,

O Printemps qui ne reviens pas !
Quand, du bout d'azur de ton aile,
Tu réveilleras, sur nos pas,
Des choses l'âme fraternelle ;

Sous les bercements infinis
Des feuillages que tu caresses,
Quand, de la tendresse des nids
L'écho doublera nos tendresses ;

Quand passera sur notre front
Le frisson de tes palmes vertes ;
Quant nos baisers s'embaumeront
Au calice des fleurs ouvertes ;

Etant de ceux-là que ravit
Tout ce que ton éclat décore,
Dans l'amour de tout ce qui vit,
Nous nous aimerons mieux encore !

Nous nous mêlerons, radieux,
A ta grande fête, ô notre hôte!
Sentant en nous l'âme de dieux...
— Hélas! à qui de nous la faute?

Dans un souvenir sans remord
Je compte les heures trop brèves...
— Le Printemps naît : l'Amour est mort!
Ce que c'est que nos pauvres rêves!

III

— Holà, Jacques!

Il eut toutes les peines du monde à lever la tête et à se détordre les membres, invisiblement enchaîné qu'il était dans un endolorissement général. On eût dit qu'il écartait, un à un, des liens subitement dénoués, mais dont les enlacements le mordaient encore par places.

— Ah! c'est toi! fit-il en étouffant un bâillement.

— Ce n'est que moi. Allons! prends cette cigarette et confesse-toi. Mais d'abord jette-moi ce bout de lilas qui est absolument fané.

Il se leva vivement, prenant le vase à deux mains comme pour défendre la fleur. Puis, sans rien dire, il y versa de l'eau fraîche pour la ranimer.

— C'est donc un souvenir d'amour.

— Non !... un souvenir de solitude.

— La pensée d'aucune femme ne s'attache à cette relique ?

— Si ! mais la femme n'est pas là.

— C'est elle au moins qui te l'a donnée ?

— Non ! je l'ai moi-même cueillie.

— Alors, elle l'a touchée ?

— Elle est trop loin pour cela.

— Je ne comprends plus, mon ami Jacques.

— Eh bien, je vais au secours de ton manque d'imagination.

Et, allumant enfin sa cigarette, Jacques se renversant moelleusement dans son fauteuil, comme pris du bien-être immédiat que comportent les confidences, continua ainsi

IV

— Tu te rappelles l'époque de l'année où je rencontrai, pour la première fois, Madame de Montrieux ?

— Moins bien que toi probablement. Cependant, je crois me souvenir que c'était au commencement de l'hiver.

— En novembre, le 10. Tu connais sa beauté ? Je ne te dirai pas sa toilette, une de ces toilettes de frileuses qui sont comme la poésie des mauvais temps, et avec lesquelles les femmes consolent les hommes des rigueurs de la saison. Cette fleur de neige avait un incomparable éclat. Elle n'avait pas apparu que j'en étais amoureux. Cette étoile de givre semblait tombée de quelque blanche et céleste constellation. Elle me laissa soupirer le temps que tout astre qui a le sentiment des distances met à se laisser aimer d'un ver de terre. Quand l'astre s'humanisa, le pauvre ver de terre était si alangui qu'il ne croyait plus à son bonheur et, pour un peu, serait rentré dans le gazon. Ah! les douces heures au coin du feu clair, sous la lumière calme des lampes! Solitude à deux que berçait seul le roulement amorti des voitures du dehors sur le pavé capitonné de frimas! Et les imbéciles que nous étions de souhaiter à notre bonheur le triste décor des soirées printanières!

Car nous avions, l'un et l'autre, la rage de faire des projets pour avril. Nous irions courir par les bois dont les jeunes rameaux, aux boutons encore fermés, semblent des flèches aux pointes d'émeraude, sur les gazons tendres qui ne sont encore qu'un velours de verdure brodé, çà et là, de fleurs d'améthyste et de fleurs d'or, de violettes et de soucis. Mais notre rêve, notre rêve le plus caressé était de cueillir ensemble la première branche de lilas ouvert que découvriraient nos promenades!

Jacques se tut, un instant, pour regarder mélancoliquement la fleur posée sur sa table et dont l'eau bienfaisante avait déjà réveillé les couleurs et redressé la tige.

— Eh bien ! hier, continua-t-il, je revenais gaiement de Sèvres, par le bois de Meudon, quittant un atelier d'amis où j'avais joyeusement déjeuné, quand je fus légèrement fouetté au visage par une petite branche que j'avais écartée brusquement de la main pour me faire une route dans le taillis. Quelques perles d'un violet pâle en tombèrent sur mon vêtement. Je regardai. C'était un lilas, un lilas précoce, seul épanoui parmi les lilas fermés, seul papillon s'envolant de ce monde de chrysalides. Ce petit rameau qui m'avait frappé au front, c'était celui que nous devions cueillir ensemble !

J'hésitai fort à le couper. Il me semblait que je lui en volais la moitié, à Elle qui avait partagé avec moi cette idée. Mais n'était-il pas venu, lui-même, à moi ? Puis je me dis que, quand l'un oublie, l'autre ne doit que mieux se souvenir. Le voilà !

V

Jacques n'avait pas achevé qu'un coup léger était frappé à la porte de l'appartement et qu'un frôlement de jupes emplissait l'étroit couloir qui mène à sa chambre. Presque aussitôt Céleste entrait, le rire aux lèvres, ses cheveux d'or ébouriffés comme une Parisienne peu matinale d'ordinaire et qui a fait rapidement sa toilette pour venir surprendre un ami, en robe claire et rayée de bleu tendre : une vivante image du printemps.

Jacques fit une grimace de dépit, et une moue d'ennui lui vint aux lèvres.

— Bonjour, vous !

Et la voix de Céleste tintait gaiement comme une volée des cloches lointaines dans un matin de rosée.

— Ah ! le beau lilas ! continua-t-elle. C'est pour moi, Jacques, que vous l'avez cueilli ?

— Certainement, mademoiselle, me hâtai-je de répondre pendant que mon ami me lançait un regard furieux et jetait la main en avant pour arracher la fleur à la main déjà tendue de la jeune femme.

Mais je lui saisis le bras, à lui, et, le fixant à mon tour, je lui fis comprendre combien ce qu'il allait faire était ridicule.

Et pendant que Céleste, radieuse, s'était approchée de la glace pour tordre la petite branche dans sa chevelure profonde et se faire, à elle-même ainsi coiffée, mille petites mines charmantes :

— Jacques, fis-je tout bas, à mon ami, la chanson a raison : « L'amour est de toutes les saisons ». Mais ce n'est pas toujours le même. Il faut le prendre quand il vient et ne le pas poursuivre quand il fuit.

Il s'était levé. Je le poussai doucement vers Céleste, qui, se retournant, lui tendait les bras avec un : Merci! qu'elle lui laissa urs la bouche avec un baiser.

Et maintenant, Jacques, mon garçon, vivent l'amour et le rire !

CAS DE CONSCIENCE

I

— Cinq ans de prison ! Pauvre bougre !

Et, sur cette exclamation, mon ami Philippe ferma et replia la *Gazette des Tribunaux* que nous parcourions ensemble.

— Ne vas-tu pas te mettre à plaindre les voleurs, maintenant ? lui répondis-je impatienté.

Philippe me regarda avec une certaine moue dédaigneuse.

— Toujours des mots, malheureux garçon ! reprit-il lentement. Les voleurs ? Et puis après ? Mais quand tu voudras, imbécile, je te démontrerai que, mille fois plus qu'à Lacédémone et sous les lois libérales de Lycurgue, notre société contemporaine est basée sur le vol, que le vol est la force vive des nations modernes. Mais tu me regarderais avec des yeux ahuris... Comme si tout le monde n'avait pas plus ou moins volé ! Comme si toi-même...

— Ah ! pardon !...

Et je l'arrêtai d'un ton plein de dignité.

— Va pour toi, unique innocent de ce monde ! Tu es plus heureux que moi.

— Par exemple !

— Eh bien, oui ! Je suis de la grande bande dont Cartouche fut jadis le patron, et, si cela peut t'intéresser le moins du monde, je te conterai comment.

— Volontiers.

Le temps de rouler chacun une cigarette et Philippe commença ainsi :

II

— C'était au temps où je vivais avec cette étrange Mariette que tu as connue comme moi. Ce fut une belle et insupportable maîtresse que je gardai longtemps au mépris de toute raison. Il est vrai qu'elle était, avant tout, intermittente. Il n'était pas de semaine qu'elle ne me quittât pour jamais, en emportant solennellement sa poudre de riz et le portrait de sa mère. J'aurais dû m'habituer à ces éclipses périodiques et même les prévoir mathématiquement, comme font les savants à l'Observatoire. Je préférais les prendre au tragique, pleurant, m'arrachant les cheveux et me croyant sincèrement le plus malheureux des hommes. Cette conduite eût été sans excuse, si le mauvais caractère de cette drôlesse eût été sans compensations. Mais il y avait des compensations, de copieuses compensations, des compensations blanches et potelées qui faisaient éclater quelquefois ses fines culottes de batiste, des compensations à emplir le trône de Louis le Gros. J'ai toujours été pris par ces abondances de charmes et je m'imagine qu'avec le temps mon cœur a dû prendre peu à peu la forme d'un rond de cuir. Je signalerai cela au praticien qui fera mon autopsie. J'ai une théorie là-dessus. Mais je reviens à mon dire.

Pour la quarante-deuxième fois, Mariette venait de m'arracher son pompon et les traits de celle à qui elle devait le jour et moi de fort agréables nuits. J'étais dans un désespoir sans bornes et je parlais de me tuer comme d'une chose qu'on fait tous les jours, entre les repas. Auguste Marin arriva fort à propos. Tu te rappelles ce Desgenais bon enfant qui avait fait le tour de la vie en ayant bien soin de ne pas se crever la bedaine aux angles, ce philosophe charmant qui n'avait aucune rancune contre la destinée, sceptique à miracle, égoïste juste assez pour se faire aimer, — car qui veut être aimé doit s'aimer d'abord beaucoup soi-même pour donner l'exemple aux autres, — le meilleur compagnon que j'aie connu, de bon conseil, serviable même à l'occasion, connaissant Paris comme sa poche et sa poche comme un mont-de-piété où l'on prêtait sans intérêt. Je lui contai ma peine.

— Viens, me dit-il, avec moi dîner chez la Maquignon. Mais ne prends pas ton chapeau neuf.

— Pourquoi ça?

— Parce que tu en rapporterais probablement un vieux.

— C'est donc des voleurs qui vont là?

— Non! mais la société est un peu mêlée.

Je pris mon chapeau de pluie, un chapeau qui valait bien trente-deux sous.

III

La Maquignon (Joséphine pour les abonnés)

tenait alors une de ces tables d'hôte de femmes qui sont une des particularités du quartier des Martyrs, quelque chose comme les marmites des Invalides femelles de l'amour. Là se réunissaient, deux fois le jour et souvent sans sortir, un certain nombre de catins sur le retour, qui n'avaient plus aucune illusion sur les hommes, et qui instruisaient quelques autres catins plus jeunes à n'en avoir jamais. L'institution existe toujours et vaut qu'on lui rende une fois visite. Ces vicieuses matrones n'ont rien de la grandeur épique des *Femmes damnées* de Baudelaire. Si elles grillent dès ce monde, comme l'a dit le poète, dans un invisible enfer, c'est en compagnie de boudins et d'andouillettes, devant un feu de cuisine. Elles sont affreusement bourgeoises, et de quelle bourgeoisie! bon Dieu! Ombre de Sapho, détourne-toi de ces mystères qui sentent l'ail et le gros vin!

Des hommes aussi fréquentaient là, des

ratés dangereux qui ne hantaient plus d'autre société. Il y avait là des nobles ruinés, des officiers renvoyés de l'armée pour avoir triché au jeu, des marchands de chevaux qui venaient faire de l'épate en offrant du champagne à cinquante sous, des peintres qui ne peignaient plus, des sculpteurs qui n'avaient jamais sculpté; mais l'élément dominant, impérieux, c'était le cabot sifflé, le cabot au menton bleu qui se fait encore une tête avec du rouge à la bouche et une pointe de noir aux yeux, le cabot immonde qui a été adoré à Montélimar par la femme d'un notaire, et qui vit avec une vieille actrice des Variétés, ayant villégiature à Pantin.

La Maquignon, elle, avait pour amant un comédien du théâtre de Montmartre, un jeune premier, qui disait : Médême ! tout comme un autre et qui découpait à table, tout, — même le poisson !

IV

Je fis mauvaise chère. Ce n'est pas la première fois que je remarquai qu'on mange mal dans la prostitution. Dame ! on ne peut pas tout avoir ! On disait dans le quartier, de la cuisine de la Maquignon, que c'était « une cuisine de ménage ». Méfiez-vous de ça. Ces dames affirmaient qu'elles y dînaient « comme dans leur famille ». Je le crois ! La famille à Titine et la famille à Margot ! Auguste Marin, lui, mangea comme un ogre. Quand on a été à Zanzibar, on n'est pas difficile. Ma voisine, qui me parut avoir de fort bonnes fausses dents, me conta qu'elle avait été adorée par Frédérick-Lemaître, qu'il avait voulu quitter le théâtre pour elle et se faire liquoriste. Mais elle ne l'avait pas souffert. Elle avait plus tard été passionnément aimée par Napoléon III, qui lui avait proposé de planter là le trône et l'impératrice

Eugénie pour aller vivre avec elle dans le Zudyerzée. Elle n'avait pas voulu non plus. Je ne pus m'empêcher de lui faire observer qu'elle avait eu tort. Elle fut de mon avis et m'affirma que sa fille, qui était au Conservatoire ne ferait pas les mêmes bêtises. C'est stupide d'être désintéressée comme ça ! Les hommes ne vous en savent aucun gré ! Et elle avalait des petits verres pour renfoncer le regret d'avoir été trop honnête. Pendant ce temps-là, un monsieur décoré et à grandes moustaches révélait à l'assistance les secrets du harem, tandis que Lucie Bidet et Rose La Trouille échangeaient des regards pleins de mélancolie et chargés de langueur.

Après le dîner et un café mortel, Auguste se mit résolument à une table de bouillote. Car il aimait le jeu, ce sage, sans y perdre jamais plus que ne le comportaient ses moyens, une petite fortune dont il faisait une grande aisance.

Moi, qui n'étais pas fait à cette compagnie, je m'y sentais littéralement asphyxié. Je suis sans bégueulerie, mais j'aime à savoir où je suis. La méfiance des joueurs les uns vis-à-vis des autres, les plaisanteries de mauvais goût qu'ils se permettaient, tout cela m'écœurait. Je payai silencieusement le prix de mon repas, je serrai la main d'Auguste, qui ne me vit même pas sortir, je traversai rapidement l'antichambre, m'y coiffai à la hâte et me ruai dans la rue, fou de plaisir à l'idée du grand air, des fiacres et des passants. Je fis deux tours délicieux sur le boulevard et je rentrai chez moi pour penser à l'infidèle dans le lit tiède encore et qui m'allait sembler si grand!

V

Le lendemain matin, quand je voulus sortir, je m'arrêtai net devant le chapeau que j'avais rapporté, un chapeau magnifique et tout neuf, un chapeau venant d'une des premières maisons anglaises, un chapeau comme jamais mes humbles ressources ne m'avaient permis de m'en offrir un. Or, le doute ne m'étais pas permis sur sa provenance. Je ne m'étais arrêté nulle part avant d'entrer et avant de sortir de chez la Maquignon. C'est donc là que, dans ma précipitation à fuir ce bouge et la détestable société qu'on y voyait, j'avais inconsciemment échangé mon affreux bolivar contre ce couvre-chef coûteux.

Je le dis à ma louange : mon premier sentiment fut de le reporter.

Mais je mesurai bientôt tous les inconvénients de cette idée. On s'était sans doute aperçu de cet accident ; le monsieur volé avait dû faire grand tapage, et j'allais avoir une entrée ridicule. De plus, personne dans ce milieu-là, ne croirait à une erreur involontaire, et tout le monde attribuerait ma démarche à un tardif remords ou à quelque cause mystérieuse, mais peu flatteuse. Enfin, je me trouverais forcément mis en relations, et d'une façon peu avantageuse, avec un personnage que je préférais infiniment ne pas connaître.

Cependant, c'était raide de garder un bien aussi déplorablement acquis.

Après une journée de lutte entre ma délicatesse naturelle et ma timidité, ma délicatesse avait pris le dessus et je m'apprêtais résolument à retourner chez la Maquignon pour restituer. J'étais déjà sur mon seuil quand une femme se dressa devant moi, impérieuse et suppliante à la fois.

C'était Mariette.

Elle avait à la main une boîte à poudre de riz et le portrait de sa mère sous le bras.

— Ah! fit-elle, comme tu es bien coiffé!

Et son regard s'imprégna d'un enthousiasme plein de tendresse, émerveillé et arrêté sur mon superbe chapeau.

— Que tu es beau ainsi, et que je t'aime! fit-elle encore d'une voix lente et passionnée...

Et j'aurais rendu ce chapeau à qui je devais

un regain d'amour de la part d'une maîtresse adorée ! Ce chapeau à qui je devais le retour de mon bonrheu !

Ah ! comme ma résolution avait changé, pour ainsi dire fondue aux flammes de ces yeux caressants et charmeurs ! Non ! je ne le restituai pas ! Je lui vouai même une sorte de culte et d'affection particulière. Je l'aimai comme jamais je n'avais aimé un autre chapeau ! Je lui payai, sans les compter, des coups de fer ; je lui fis remettre des coiffes neuves. Je le fis même retaper quand il ne valut plus rien. Jamais je ne le vendis, et il doit encore figurer dans ma garde-robe, comme une relique sacrée.

Voilà comment, — conclut mon ami Philippe, — pour une fois que j'allai parmi des voleurs, ce fut moi qui les volai.

Et tu voudrais que j'en dise du mal par-dessus le marché !

UNE FORÊT VIERGE

I

C'était par un temps pareil à celui que nous avons en ce moment, il y a un an de cela. J'étais allé passer les premiers jours dorés de l'automne chez un ami d'enfance que nous appellerons Philippe, si vous voulez bien, à quinze lieues de Paris, dans une de ces propriétés bourgeoisement charmantes qui, entre Corbeil et Melun, bordent la Seine de leurs bâtisses régulières et de leurs jardins en pente douce. Nous causions depuis une heure sous un berceau de chèvrefeuille, hélas! défleuri, et j'avais à la main un volume de Bernardin de Saint-Pierre. Car j'ai la faiblesse d'aimer ce Rousseau minuscule, moins grand écrivain que l'autre, mais plus sincère.

— Tu n'as jamais vu l'Amérique ? me demanda brusquement Philippe.

— Tu sais bien que non.

— Alors tu ne te fais aucune idée d'une forêt vierge ?

— Aucune que celle que donnent les admirables eaux-fortes de Bresdin.

— Serais-tu curieux d'en voir une tout de suite ?

— Tu veux rire !

— Je ne plaisante pas.

— Et où cela, je te prie ?

— A deux pas d'ici. Le temps d'aller chercher la clef de ce paradis dans ma chambre et nous partons.

Un instant après, en effet, quittant le bord du fleuve pour remonter à travers les terres cultivées et les villages, nous traversions un coin de cette campagne des environs de Paris qui, plus que Paris même peut-être, porte l'empreinte d'une époque et d'un pays civilisé à outrance. Pas un lambeau de sol sans culture, un véritable damier de semences et de plantations diverses, partout l'avidité du paysan dénoncée par l'exploitation de toutes choses et, à l'horizon, de l'autre côté de la rivière, de hautes cheminées d'usine fumant dans les premières fraîcheurs du jour déclinant, le prolongement, en un mot, de ce paysage de banlieue où déborde l'activité humaine aux prises avec l'amour du lucre et la terreur de la misère. Nul spectacle n'était moins fait que celui-là pour préparer mes yeux au tableau qui les devait frapper quand, après avoir longé une haute muraille en ruine, mon ami Philippe m'eut introduit, par une petite porte vermoulue. dans le lieu que je vais tenter de décrire.

II

Un chaos de verdure, ici tendre, là sombre, plus loin rouillée. Pas de chemin, pas même de sentier. De hautes herbes vous montant jusqu'au visage et dont les masses profondes s'affaissaient par place sous l'assaut des plantes rampantes, les couchant comme des gerbes. Pas un tronc d'arbre nu, mais des colonnes de lierre montant jusqu'à l'épanouissement des branches, en poursuivant leurs méandres jusqu'au moindre rameau, s'éparpillant aux cimes en franges longues et pendantes et nouant, entre eux, les sommets voisins. Un véritable réseau de lianes jeté sur ce dôme de feuillages et ne permettant de voir le ciel qu'à travers les mailles d'un filet. Plus bas, entre les taillis, de véritables cloisons ployantes faites de volubilis et de vigne vierge. Les deux bras d'un cours d'eau venaient se réunir sous une double allée de platanes. Là où se faisait leur jonction, les platanes aussi avaient mêlé leurs têtes, formant au-dessus de ce ruisseau grossi une façon de tunnel impénétrable à la lumière et sous lequel le flot courait avec de longs frissons d'argent et des murmures étouffés. Au centre, un monticule de végétations parasites et de guis enlacés rappelait vaguement la forme d'une maison, comme on devine sous un suaire les lignes du corps qu'il recouvre, et, de loin en loin, des nappes de mousse menue, horizontalement étalées au sommet de broussailles enchevêtrées, faisaient penser à des bancs.

Mais ce qui est indescriptible, c'est le parfum sauvage qui montait de cette flore inculte couvrant la terre de ses caprices multicolores, et qui, comme la fumée d'encens sous les voûtes d'une église, flottait prisonnier sous les arcades de branches de cette forêt. Cette odeur roulait, avec elle, je ne sais quels enivrements et évoquait dans le cerveau les rêves bucoliques et fougueux des vieux faunes. La bête était maîtresse dans ce coin du monde rajeuni. Un grand effarement d'ailes avait signalé notre entrée; des nuées d'insectes se levaient dans l'air à notre approche et les dos bleus des couleuvres serpentaient devant nos pas, tandis que, sur le haut des chênes, les oiseaux effarouchés et inquiets semblaient crier au sacrilège.

J'étais ébloui.

III

— Tu te demandes, me dit Philippe, après un long silence, comment cela existe et surtout existe ici? L'histoire est moins gaie que celles que tu contes d'ordinaire à tes lecteurs, mais je crois cependant qu'elle est susceptible de les intéresser.

— Dis-la-moi donc.

— Eh bien, il y a près de quatre-vingts ans de cela, ce que tu vois était une villa comme toutes celles qui abondent dans ce pays, plus bourgeoise peut-être même que les autres, — car elle était fort élégante pour le temps et fut une des premières qui possédèrent un jardin anglais. — Un homme fort estimé en était le propriétaire et l'habitait avec sa famille. — Appelons-le, si tu veux, le comte Pierre. — Ses deux filles, Marthe et Marie, avaient, la première seize ans, la seconde quatorze, toutes deux belles d'une angélique beauté, toutes deux douces aux pauvres. C'étaient des gens pieux et fidèles aux vieilles croyances, mais indulgents cependant aux misères humaines.

Or, un dimanche, Marthe étant souffrante, Marie demeura près d'elle, pour la soigner, tandis que le comte, sa femme et tous les domestiques se rendaient à la messe au village le plus proche. La cadette faisait la lecture à l'aînée dans la maison ainsi sans gardien, quand, par la porte de la chambre violemment ouverte, un monstre hirsute y bondit, se rua sur la plus jeune, l'outragea bestialement, puis, la laissant inanimée, se précipita sur la malade et la salit avec délices, enfin se sauva, son immonde besogne faite. Tel Caliban si Miranda fût tombée entre ses mains.

C'était un bouvier qu'on rechercha vainement ensuite.

Quel retour pour les parents! Ce fut une scène dont les tragédies antiques, elles-mêmes, n'ont pas égalé l'horreur. Marthe mourut le jour même, du saisissement et de la honte qu'elle avait eus. Marie entra dans un couvent et vivait il y a quelques années encore; car, son existence étant à jamais brisée, l'ironique pitié de Dieu lui devait bien de la prolonger au delà des bornes communes.

Quant au comte Pierre, une fois l'aînée de ses enfants dans la tombe et l'autre dans le cloître, le cœur gros de blasphèmes, révolté contre le ciel, il sortit de la maison maudite, avec tout ce qui lui restait des siens, et, fermant la porte derrière lui, il déclara que sa volonté expresse était que personne n'y rentrât jamais.

Il en fut ainsi jusqu'à sa mort et, par une délicatesse d'âme que lui rend d'ailleurs plus facile une immense fortune, le neveu qui hérita de ses biens voulut que son désir continuât d'être respecté. C'est un de mes amis et, à moi, seulement, il a donné une clef de ce domaine abandonné, afin que j'y puisse exercer quelque surveillance et m'assurer qu'il ne devient pas un repaire de vagabonds.

Ici finit l'histoire de mon ami Philippe.

IV

Durant qu'il l'achevait, je contemplais ce paysage étrange, perdu dans une rêverie dont je n'étais plus le maître. Je me soûlais de sa beauté profonde, et cette vie débordante des choses et des êtres, cette orgie des plantes dans la lumière et des bêtes dans la liberté m'apparaissait comme une fin sublime des destinées terrestres. Je me disais que, pareil à ce bouvier infâme dont le hideux amour tuait les vierges, l'homme, en se ruant sur la nature, avait violé l'immortelle beauté. Je me disais encore que, pour renaître dans l'épanouissement robuste de sa grandeur, elle attendait peut-être que, comme ce monstre justicier de soi-même, il la délivrât en disparaissant à tout jamais. Puis, je trouvais, qu'asservie à ce tyran, elle était semblable à la belle fille dont les charmes profanés s'étaient lentement flétris sous l'austérité de la règle et dans la rigueur du sacrifice.

Ainsi je demeurais abîmé devant ce spectacle magnifique, apothéose du drame le plus sombre ; devant cette végétation merveilleuse dont les racines trempaient dans le sang.

— Que penses-tu ? me dit tout à coup Philippe.

— Je pense, lui répondis-je, que l'homme pèse lourdement à la terre et que les plus belles fleurs s'épanouissent sur des tombeaux !

HAMSAH

I

Je n'ai passé que deux heures à Haarlem, mais j'en ai rapporté une tulipe.

Elle est en fleur juste au milieu d'un coin de parterre que je vois de ma fenêtre et où elle se balance au milieu d'une couronne de narcisses.

Elle est blanche avec des mouchetures rouges et a l'air d'un lys ensanglanté. Je l'avais rapportée parce que j'ai toujours rêvé de devenir, en mon âge mûr, un horticulteur sérieux, n'aimant plus que les espérances en bouton et les promesses épanouies de son jardin. Mais, va te faire fiche! il a constamment passé des femmes derrière mes haies et j'ai laissé choir ma sarclette pour les regarder passer, parce qu'elles étaient plus glorieuses que les roses et plus blanches que les jasmins!

O mon rêve tranquille de jardinier, comme elles t'ont piétiné, les méchantes, avec leurs fines bottines et leurs souliers galants! O mélancolique arrosoir qu'elles ont rempli de mes larmes! En vain, j'ai voulu me faire portraicturer, le coude sur une bêche, un large chapeau de paille sur le front, en manches de chemise et en sabots! Je suis demeuré le chevalier au cœur saignant dont se moquent les belles filles.

Et, cependant, quelle vie calme et douce j'entrevoyais dans l'amour innocent des rosacées et des liliacées. Jamais les monocotylédonés ne m'eussent trahi. La botanique a des martyrs, mais non pas des cocus. Je me fusse ruiné pour des oignons et pour des caïeux qui, au moins, me seraient demeurés fidèles. J'aurais fait crever de jalousie mes voisins, après leur avoir inspiré les mêmes goûts qu'à moi! Etre un *fou-tulipier*, comme ceux d'Amsterdam et de la Haye, au temps où le cordonnier Hans Flinck découvrait dans la boue d'une botte éculée un tubercule d'où sa fortune devait jaillir avec la verte tige d'une tulipe hors de prix!

Être *fou-tulipier* et n'avoir que des regards de dédain pour les périssables beautés de la femme ; mépriser les grâces exquises d'un corsage et la troublante splendeur des hanches arrondies ; faire pouah! devant deux petites mains blanches, et fi! devant deux pieds mignons et cambrés! O mon cœur, quelle métamorphose! Être *fou-tulipier!*

II

Ce n'est point par un de ces hasards de culture qui dénoncent toujours une crasse ignorance que j'ai rapproché ma tulipe d'un narcisse, mais bien parce que ma science profonde a pénétré la parenté de leur légende. Ces deux fleurs appartiennent à deux mythologies différentes, la grecque et la persane; mais leur histoire, ou mieux leur fable, se confond par certains points. La tulipe y est, d'ailleurs, beaucoup plus honorablement traitée que le narcisse, comme vous en pourrez juger quand je vous aurai initié à mes admirables recherches.

Que symbolise, en effet, la fleur pâle qui croît au bord de la source où l'adolescent, amoureux de lui-même, s'est trop longtemps contemplé? Je ne me charge pas de vous le conter honnêtement, n'ayant qu'un goût modéré pour la paille humide des cachots de mon gouvernement. Laisse-moi te le dire cependant en face : Narcisse, mon ami, tu fus une bête! Hamsah était beaucoup plus spirituel que toi!

Qui ça, Hamsah?

Ah! je vous y pince, mes petits cancres, toujours muets comme des députés quand il s'agit de montrer quelque érudition! Moi, je ne fais jamais parade de la mienne. Je suis modeste et je m'en vante. Mais quand il s'agit de divertir une société par quelque récit, j'y vais de ma complète connaissance de toutes choses. Pic de la Mirandole était comme ça, ce qui le faisait très rechercher dans les salons à l'heure où le loto languit. Abélard également, bien que je n'aime guère à me comparer à lui devant les dames.

Or donc, je vais vous conter l'histoire d'Hamsah d'après les plus authentiques documents.

III

Le roi Kander ayant jugé que l'année 1457 était favorable à la fondation d'une dynastie — à quel signe? je n'en sais rien — venait d'instituer celle des Jurcomans qui devait, pendant de longs siècles, faire le bonheur de la Perse, comme c'est le devoir de toute dynastie qui se respecte. Son premier ministre était cet Hamsah, mais ce n'était pas, comme les ministres d'aujourd'hui, un de ces garçons férus de politique qui vous décrottent un budget comme on prend un grog à l'eau-de-vie. Hamsah n'aimait, le petit cruel! ni les virements de crédit, ni les questions préalables, ni les questions de cabinet. En revanche, l'imbécile! il adorait les femmes et faisait des vers. On le voyait, en plein conseil, envoyer des baisers aux blanchisseuses du palais et tracer sur le papier des lignes inégales. Le roi Kander, qui était presque aussi bonhomme que M. Grévy, souriait en le regardant faire. Tout au plus, le soir en se couchant, disait-il à Madame Kander :

— Sapristi! si le Richelieu qu'attend la France est de cette farine-là, je plaindrai mon collègue Louis XIII!

Après quoi il s'endormait, le débonnaire monarque, laissant sa femme réfléchir sur ce menu propos.

IV

Or, il advint qu'un jour, Hamsah ayant profité d'une séance orageuse à la Chambre des députés persans pour aller herboriser et faire des virelais dans la campagne, une jeune fille lui apparut, dans un bois, qui était infiniment plus belle que toutes les repasseuses de fin du linge royal. Ses cheveux noirs flottaient sur ses épaules blanches comme, au soir, l'ombre grandissante d'une colline sur un champ de lys. Ses yeux avaient le rayonnement pâle des étoiles que l'aube surprend et tout son être n'était qu'un enchantement sans pareil.

Immédiatement, Hamsah saisit une guzla qui ne le quittait jamais et commença de chanter :

I

O vierge, dans tes yeux d'enfant,
S'allume, lorsque tu t'éveilles,
L'or clair d'un soleil triomphant
Que mirent deux sources pareilles !

Quand un rêve passe sur eux,
On dirait l'haleine opaline
Qui descend sur les lacs ombreux,
A l'heure où le couchant s'incline !

En les contemplant tour à tour,
J'y trouve, — allégresse ou souffrance —
Tantôt l'aurore d'un amour,
Tantôt le soir d'une espérance !

II

D'un rayon d'aurore attaché,
L'arc radieux de ton sourire
Ferme et tend, sur un trait caché,
Sa courbe adorable à décrire !

Il se rouvre sur le sillon
De la flèche au ciel envolée,
Comme le vol d'un papillon
Se rouvre sur la brise ailée.

Chaque flèche, en touchant mon cœur,
Met, dans ma blessure éternelle;
Ou le froid de son fer vainqueur
Ou la caresse de son aile !

Il allait commencer son troisième douzain quand il s'aperçut que celle pour qui il chantait avait fui, comme Galatée, derrière les saules. Alors il se mit à courir comme un petit fol, sa guzla lui battant aux chausses. Mais, derrière les saules, il ne trouva que l'eau chantante et coulante, pleine du mirage du ciel. Désespéré, il se mit à enjamber les fossés, à franchir les sauts-de-loup, à escalader les collines à dégringoler les descentes, poursuivant sa chimère avec des haletances de cerf forcé. La cruelle image fuyait devant ses pas, et, le soir, le roi Kander disait à la reine en ouvrant les draps : « Voilà encore cet animal d'Hamsah qui découche. Avec un cent de ministres comme ça, on ne ferait pas encore un grand ministère ! »

En effet, Hamsah n'était pas rentré. Il dormait au fond d'un précipice tenant dans sa main crispée une tulipe blanche qu'il avait arrachée dans sa chute, et dont les pétales étaient zébrés de clairs filets de sang.

Le roi Kander lui fit d'admirables funérailles, et, en souvenir de ce premier ministre modèle qui ne l'avait jamais embêté avec des paperasses, il ordonna que son jardin fût planté de tulipes blanches. Mais, par un miracle, sur toutes ces fleurs, le sang d'Hamsah reparut sur la blancheur des corolles. C'est lui qui mouchète encore la tulipe que j'ai rapportée de Haarlem.

Et la jeune fille?

Jamais on ne la revit. Mais, prenez garde! on sait qu'elle n'est pas morte, et peut-être, pour votre malheur, la rencontrerez-vous demain!

N'est-ce pas, mes enfants, que la légende d'Hamsah est bigrement plus poétique que celle de Narcisse?

MUSIQUE MILITAIRE

I

Dans le grand rond, tout près du jardin royal, et sur un tertre couronné de chaises en fer, la musique du régiment vient de s'installer avec une solennité qu'aggravent encore les lunettes d'or de son chef. Tandis que les parties circulent entre les exécutants, le public se resserre et se concentre,

> Pour entendre un de ces concerts riches de cuivre
> Dont les soldats parfois inondent nos jardins
> Et qui, dans les soirs d'or où l'on se sent revivre,
> Versent quelque héroïsme au cœur des citadins;

comme l'a dit excellemment Baudelaire. Sur

un triple rang de sièges dont un vieillard vénérable perçoit le loyer avec un empressement joyeux, les dames de la ville et leurs demoiselles prennent place avec des mouvements de jupes merveilleusement pudiques et bienséants. Dans l'allée qui borde les fauteuils d'orchestre, les godelureaux marchent à pas comptés et font des effets de culotte, une cigarette aux doigts et un cancan aux lèvres et, parmi eux, les officiers de la garnison qui regardent en dessous les filles en retroussant leurs moustaches, et aussi quelques vieux médaillés qui viennent là se ragaillardir tous les jeudis. Puis, sur le bord de l'allée qui ferme extérieurement cette enceinte, le long du gazon qui descend en pente douce, sur des bancs et sur des sièges isolés, le petit monde qui n'ose encore frayer avec le grand, les bonnes d'enfants et les convalescents assis entre deux béquilles. Enfin, tout autour des massifs voisins, par groupes de deux ou trois, la tête sous une ombrelle éclatante et croisant sur le sable leurs pieds finement chaussés, les cocottes de la cité en toilettes relativement calmes, celles-ci avec leur bonne et celles-là avec un petit chien sur les genoux.

Silence! Monsieur le chef a raffermi ses lunettes sur son nez et s'est mouché d'une façon qui veut clairement dire : « A nous! »

II

Par pitié, monsieur le chef, laissez-nous regarder encore un instant le beau couchant d'automne. Jamais le jardin n'avait été si beau. Une pointe de rouille monte aux cimes bronzées des arbres; les bouleaux ne sont plus d'argent, mais d'or pâle ; sur les pelouses les premières feuilles tombées semblent de grands papillons morts; le jet d'eau qui s'élève sur le fond sombre des verdures sanglote avec une mélancolie pleine d'adieux. Une vapeur de safran flotte aux abords du ciel dont l'azur est veiné de petits nuages longs et étroits. Cette saison est admirable dans les grandes forêts qu'elle empourpre et le long des mers qu'elle ensanglante. Dans les squares citadins et dans les parterres familiers, elle est surtout douce et touchante. La Nature s'y emplit aussi du regret des fêtes printanières et des splendeurs estivales, des feuillages naissants et des fleurs épanouies, des tiédeurs parfumées de l'air et des longs jours que mesure la gaieté des choses ensoleillées. Mais un peu de l'âme humaine s'y mêle pour pleurer, par avance, les charmes qui vont s'évanouir. Les petits enfants, comme les moineaux francs, ont l'appréhension des allées tristes sous les arbres dépouillés, entre les buissons diamantés de givre ou ruisselants de pluie, et les vieux, qui ne sont pas sûrs du prochain printemps, s'épouvantent de l'hiver où la terre est froide et les tombes abandonnées.

Silence! Monsieur le chef s'est baissé et

soulève lourdement son bâton, comme s'il allait en secouer les orages d'une symphonie de Beethoven. Un joli petit turlututu du hautbois nous annonce une polka de Fahrbach.

III

Elle a dit à sa mère que la musique, entendue de trop près, lui faisait mal aux nerfs, et, tandis que ses petites amies et leurs mamans la traitaient tout bas de chipie avec de méchants sourires, elle a quitté le cercle officiel des chaises consacrées à la belle société pour se rapprocher de l'allée qui les enferme. Les deux femmes se sont assises un peu à l'écart, sous le regard jaloux et malveillant des cocottes, qui se disent : « Eh bien ! Et nous ? Est-ce que nous ne sommes pas assez ? » Elles demeurent là silencieuses et comme gênées par le regard des hommes, mais comme obéissant aussi à une fatalité. Elles sont de bonne maison, et la fille est jolie, mais elle n'a pas le sou. Si quelque imbécile ne s'amourache point d'elle au point de faire des actes respectueux à sa propre famille pour l'épouser, elle mourra fille, et sa mère, qui la connaît, a le frisson d'y songer. Elle a déjà passé la vingtaine, et sa beauté n'a plus la sérénité des choses sûres de leur destinée. Non pas que, comme sa mère, elle doute d'un avenir quelconque sous le premier nom honorable venu. Elle n'en est pas encore tombée à ce point où la banalité d'un sort, subi, mais non choisi, devient encore un rêve. Elle ne se juge pas encore un objet inutile qu'il faut caser à tout prix dans le bazar du mariage. Non ! elle doit à la pitié de l'âge de n'avoir pas conçu ce mépris d'elle-même. Mais elle aime ; elle aime tout bas. Elle aime, sans avoir jamais échangé avec lui une parole, un capitaine à la fière mine qui a passé souvent à cheval sous sa fenêtre et qui va venir, sans doute, qui lui sourira peut-être discrètement et que sa promenade ramènera obstinément devant elle. Le désir et l'inquiétude mettent à son teint de légères rougeurs et dans ses yeux des flammes fugitives.

Monsieur le chef d'orchestre bat les œufs d'une invisible omelette avec son petit bâton, et la polka de Farbach va son train.

IV

Elle l'aperçoit de loin, entre deux grands autres, dans la foule; elle l'a reconnu rien qu'à la crâne façon dont son képi couvre à demi son oreille. Il vient de son côté et il lui semble qu'on lui pose un linge froid sur le cœur pour en apaiser les battements. Il la regarde bien un peu, en passant; mais comme à la volée. C'est certainement un homme bien élevé qui ne veut pas la compromettre. Il revient, après un tour inachevé et un certain mécontentement s'est peint sur sa figure. Peut-être aurait-elle dû lui sourire d'une plus encourageante façon ? Il a l'air d'un homme qui cherche quelqu'un et ne le trouve pas. Ses camarades ne l'arrêtent pas quand ils le croisent et échangent un regard de joyeuse entente. Elle ne sait plus que penser et un grand trouble lui vient dans l'esprit. Elle n'entend pas les chuchottements railleurs des cocottes qui n'ont pas perdu un seul de ses mouvements. Sa mère sommeille à côté d'elle et tout lui est solitude dans cette foule indifférente. Tout à coup, une belle fille, à la toilette insolente, aux airs nonchalants et provocants à la fois, apparaît au bout de l'allée ; elle est là en quelques pas :

— Est-il venu ? demande-t-elle.

— J'te crois ! lui répondent plusieurs voix de femmes aimablement canailles. Il a l'air de marronner assez en t'attendant. Tiens, le voilà !

Et le capitaine, radieux, s'élançait vers la dernière arrivée, la bouche en cœur et les moustaches au vent comme des ailes d'ange.

— Réveillez-vous, ma mère, et partons. Décidément, la musique me fait mal aujourd'hui !

La mère se secoua comme une vieille poule qui quitte son nid, et la fille se mit à marcher rapidement près d'elle, l'entraînant vers la grille dorée du jardin royal. Elle était pâle comme une morte et ses yeux étaient pleins de larmes.

M. le chef d'orchestre était précisément en train de marquer avec un petit moulinet tout à fait galant la fin de la polka de Fahrbach.

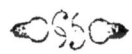

CONSOLATION

I

Pour une fois, pour une seule, ô lecteur que je voudrais ami, laisse-moi ne plus être le conteur des faciles amours de Jacques et des ridicules aventures de Laripète.

Si joyeux de nature que tu sois d'ailleurs, il t'est bien arrivé quelquefois, sans doute, comme à moi, de te recueillir devant un de ces spectacles où s'affirme le néant de nos bonheurs. Et je ne parle ici que des chagrins dont tu as subi le contre-coup. Car, pour ceux que tu as éprouvés toi-même, je m'en voudrais d'en évoquer le souvenir et de faire remonter des larmes à tes yeux ou du sang à tes blessures! Mais si tu as souffert de voir souffrir, — et, à mon tour, je ne consens à être ton ami qu'à cette condition, — je veux te dire le secret des adoucissements que j'ai trouvés à cette généreuse peine. Ces tableaux de la tristesse d'autrui t'inspirent, n'est-ce pas, l'invincible horreur du bruit et le fugitif désir de la solitude? Pour fuir l'humaine clameur et goûter ce tranquille repos, ne cherche pas le silence des bois et le mystère des sources cachées. La Nature est une perfide consolatrice avec ses splendeurs faites de nos poussières et sa vie faite de notre mort. Ses parfums où court l'âme vague des funérailles sont des poisons. Au lieu de l'apaisement que tu implores, ils t'apporteraient l'implacable désir des renouveaux sacrilèges et des éternels oublis.

II

Crois-moi, ne quitte pas la ville. Ses bruits

lointains, obscurs, perdus, ont des bercements plus doux et plus humains que le frisson des feuilles flagellées. Mais dans la ville, cherche quelqu'une de ces retraites qui, comme les temples, ont un recueillement particulier et une grande paix intérieure. Les églises s'ouvrent devant toi, avec leur chanson d'orgue toujours haletante et leur fade odeur d'encens, si tu as conservé quelqu'une des piétés de ta jeunesse. Mais si, comme à moi, l'orgueil de la libre pensée t'interdit les seuils autrefois vénérés, demande aux choses de l'art antique la calme impression qu'il te faut. La douleur des siècles s'est usée à la sérénité de ces pierres. Comment les contemplerais-tu sans te dire que la douleur n'est pas immortelle et que quelque chose lui survit? C'est le sybaritisme de la mélancolie que je te professe et la volupté de la compassion que je t'apprends. Mais c'est le propre des hommes de ce siècle de moins chercher où tendent nos destinées que comment on les porte d'une épaule moins meurtrie. Nous sommes les hôtes d'un âge sans foi.

Je te dis d'ailleurs, mon remède, comme les gens de la campagne vous content leurs recettes empiriques, et ne m'offenserai pas de ce qu'en penseront les savants. Toutes les fois qu'après une impression douloureuse, j'ai cherché le Rêve qui l'endort sans la profaner, je l'ai toujours trouvé dans les salles silencieuses du Musée des Antiques, où la rareté des visiteurs accuse la décadence du goût contemporain. Car c'est un fait inouï qu'on y puisse installer quelque admirable chef-d'œuvre sans émouvoir un instant ce même public que passionne la charpente difforme du premier échafaudage venu. C'est peut-être un honneur pour le Beau d'être seul exempt de la curiosité des foules, mais c'est un honneur fatal à l'éducation plastique de celles-ci.

III

Gageons, par exemple, ô cher lettré à qui seul je m'adresse que tu ne connais pas la *Vénus de Vienne* qui, depuis trois ans déjà cependant, est posée en avant de la *Vénus de Milo*, presque au centre de la même salle? Si j'ai deviné juste, tu me remercieras de t'avoir signalé un des plus admirables morceaux de nu qui existent dans la statuaire grecque. C'est, non pas une variation sur le thème primordial des Vénus accroupies, mais le type même de ces Vénus, et dont toutes les autres ne semblent ensuite que de lointaines dérivées. Ce n'est point, comme la *Vénus Victrix*, une figure d'un caractère surhumain. Son charme puissant réside, au contraire, dans la vie extraordinairement sensuelle qui se dégage de ce marbre aux frissons d'épiderme et aux palpitations de chair. L'idéal en est assurément la femme dans l'épanouissement de sa beauté féconde. Si le mot « naturaliste » n'avait aujourd'hui perdu toute espèce de sens avouable, je dirais que c'est une statue naturaliste, c'est-à-dire dans laquelle la vérité n'a pas été volontairement ennoblie. C'est qu'appliqué au corps de la femme, ce mot : vérité, est synonyme de : beauté! Chercher, en cette matière, l'*au-delà* de ce que donne la Nature est l'acte d'un fou ou d'un castrat. Devant ce robuste développement du torse infléchi et venant s'épanouir, comme une fleur renversée, dans une croupe lourdement majestueuse, devant les lignes augustes de ces flancs qu'a plissés et vallonnés le saint travail de l'enfantement, devant cette gorge nourricière aux pesanteurs harmonieuses, qui donc aurait besoin d'un : *au-delà?*

J'ai écrit mes derniers vers pour cette statue, et peut-être peindront-ils mieux que cette froide prose l'émotion religieuse qui m'en vint. Les voici :

IV

Dans ce marbre héroïque en creusant ta statue,
Un artiste inconnu fixa l'éternité,
O toi dont la splendeur nous fait vivre et nous tue,
Femme de qui les temps connurent la beauté.

Il te fit cette image immortelle et profonde
Où nos premiers regards retrouvent, éperdus,
L'amante impitoyable et la mère féconde
A qui tous nos bonheurs et tous nos maux sont dus.

Pour leur double labeur il arrondit tes hanches
Où meurent les désirs, où les races naîtront,
Et courba le sillon de tes épaules blanches,
Sous le joug que lui fait la caresse ou l'affront.

Sous ton col généreux il gonfla deux mamelles
Robustes à la soif comme aux embrassements,
Où peuvent boire ainsi qu'à des coupes jumelles,
La bouche des petits et celle des amants.

De plis lourds et profonds il sillonna ton ventre,
Lac vivant qu'ont creusé les âges révolus,
D'où l'humanité sort, où l'humanité rentre,
Comme font de la Mer le flux et le reflux.

Car c'est quand l'homme ploie à l'angoisse de vivre
Que l'Amour le saisit et, de son bras géant,
Le pousse, pantelant et comme une bête ivre,
Vers le gouffre natal où dormait son néant !

V

Pardonne-moi, bénévole camarade, cette échappée vers un coin d'azur que nous n'avons jamais exploré ensemble. Je quitte le pays des dieux pour revenir à mes pantins. Crois-moi cependant ; quand tu te sentiras l'âme triste, fais, comme moi, le pèlerinage de ces nécropoles du Beau qu'emplit la majesté de la mort adoucie par un invincible sentiment d'immortalité. Ces marbres silencieux où vit encore une pensée séculaire te diront, à la fois, le néant de ce qui s'en va et la grandeur de ce qui reste. Je ne sais quoi de fraternel descendra, dans ton esprit, de ces prunelles de pierre ouvertes sur un rêve sans fin. Ces femmes dont la beauté demeure comme figée dans une forme impérissable te souriront avec une douceur infinie de mères, et d'amantes... O Beauté de la Femme, immortelle consolation des yeux qui ont pleuré !

DEUXIÈME PARTIE

PHYSIOLOGIE

SENTIMENTALE

PHYSIOLOGIE

SENTIMENTALE

LE DÉSIR

I

Diderot raconte quelque part (quel inconvenant personnage que ce Diderot!) le fait suivant d'une dame que Brantôme (un autre audacieux!) n'eût pas hésité à qualifier de « belle et honneste ». Un jour qu'elle montait un escalier, un manant qui la suivait se permit à son endroit (ou mieux à son envers) des familiarités tout à fait blessantes. Cette nouvelle Lucrèce, avant de se fâcher, se retourna gravement et, ayant vérifié que rien, dans la personne de son agresseur, ne justifiait cette prétentieuse démonstration, elle se résolut enfin à lui appliquer un énorme soufflet. Diderot l'en approuve hautement et raille agréablement, à cette occasion, les hommes qui, comme on dit à table, ont les yeux plus grands que le ventre. Le trait et l'admiration qu'il inspire sont également caractéristiques et témoignent de la façon dont on entendait l'amour au dix-huitième siècle, l'époque du monde où l'on fit les plus mauvais vers et où l'on sut le moins aimer. Car les deux choses se tiennent et il est tout naturel qu'une passion sans grandeur inspire des poèmes sans lyrisme. Dans notre espèce, comme dans celle des oiseaux, le chant sert, avant tout, à exprimer l'amour. André Chénier le prouva bien, en régénérant notre langue poétique pour la plus grande gloire de Glycère et de Fanny. La dame au soufflet était bien de son temps. C'est le manant qui avait le tort de ne pas être du sien en marivaudant pour le simple plaisir.

II

Si j'étais d'un autre sexe, je penserais aujourd'hui vraisemblablement comme elle et comme Diderot. Mais je suis inexorablement du mien, et, par suite, obligé de déclarer en conscience, que rarement la femme a lieu d'être flattée qu'on la souhaite immédiatement de la façon que le voulait celle-là. Ceux qui aiment vraiment la femme ne causent guère d'autre chose, et j'ai recueilli de nombreuses confidences qui, jointes à mon expérience personnelle, me permettent d'édicter cet axiome : Aux laiderons la palme pour inspirer ce genre d'amour! Oui, mes petites chattes, c'est comme ça. Des gens de belle mine et de goûts délicats, des artistes en vogue et des poètes exquis m'ont avoué qu'ils résistaient plus malaisément à l'excitation de certaines laideurs qu'à celle des plus incontestables beautés. Dépravation d'un âge corrompu ! m'allez-vous dire. Non point du tout ! Acte de justice de la Nature qui devait une compensation aux personnes maigres ou ayant de petits nez ridicules. En allant plus au fond du sentiment hâtif qu'elles inspirent, on pourrait trouver l'audace que donne l'indifférence. On peut tout oser avec des êtres dont on ne craint rien, pas même un refus, voire même une rebuffade. Le beau malheur d'être repoussé en pareil cas ! L'occasion n'était pas déjà si belle et on est sûr de la retrouver ! Remarquez que je laisse de côté le cas plus humiliant encore où l'outrage vient tout simplement d'une continence exaspérée ou d'un excès de santé.

III

La chose est toute différente avec une femme belle. Plus on la désire vraiment et profondément, plus l'être tout entier se sent envahi de circonspection et d'inquiétude. La situation est renversée. Il y a infiniment de chances pour qu'une personne entourée d'hommages soit parfaitement indifférente au vôtre et toute disposée à vous envoyer promener, s'il est intempestif. A elle de se dire, à son tour, que l'occasion n'est pas si rare qu'on la prenne aux cheveux. Vous me répondrez à cela qu'une femme n'est jamais offensée sérieusement des désirs qu'elle inspire, si prosaïquement qu'ils se manifestent. Au fond, non, parbleu ! Mais il peut lui plaire de faire l'offensée pour la galerie et pour vous-même, et je vous demande alors le joli rôle que vous jouez dans sa comédie de vertu ! Voilà une situation qui commande la prudence, compères. La dame n'est pas blessée au vrai de l'âme, mais comme elle trouve tout naturel le brevet d'admiration que vous lui décernez, elle ne vous sait qu'un gré médiocre de votre politesse et est toute disposée à vous sacrifier à sa renommée. Or, si elle est vraiment belle, cet échec vous laisse, à vous, un long et cruel regret.

IV

Et il est d'autant plus probable que la femme est plus belle : non pas que la concurrence autour d'elle soit toujours plus considérable, — le plus grand nombre des hommes n'entendant rien à la vraie beauté ou étant disposés à se contenter de beaucoup moins — mais surtout parce que les sens, cette suprême ressource, ne viennent que fort tard ou même ne viennent jamais aux femmes dont la beauté se rapproche de l'absolu. C'est une remarque que j'ai souvent faite et qui prouve encore que la Nature, *alma parens*, s'est très préoccupée de consoler la laideur par de sérieux avantages. Les quelques filles vraiment admirables — trois ou quatre au plus — qu'il m'ait été donné de contempler et d'approcher dans ma vie étaient dans ce cas et y sont demeurées jusque par delà la trentaine au moins ; jusque-là, plus loin ou jamais pour d'autres, le légitime orgueil de leur splendeur étouffait en elles toute autre source d'impressions. Et j'ai trouvé encore la raison logique de ce fait.

Un être réalisant la perfection plastique n'a aucun besoin de se presser pour revivre dans de petits êtres qui lui seront inférieurs certainement et dont le mélange des sangs fera peut-être sa caricature. Observez comme moi et vous verrez que les femmes absolument belles sont souvent infécondes. — Quel dommage ! disent les imbéciles autour d'elles. Quel bonheur ! dis-je, moi, car je ne sais rien de plus pénible que le souvenir dégradé d'une chose belle, qu'une image amoindrie et déshonorée, qu'une admiration profanée par de lointaines réminiscences. Mais je retourne à mon dire. Les chances sont médiocres de prendre par les sens une femme de beauté vraie. Tout au plus peut-on y essayer sur le tard.

V

Force est donc que, vis-à-vis d'elle, le désir se résigne à certaines patiences. Il lui faut, pour cela, se complaire aux compensations que lui garde l'avenir. Heureux celui qui éveillera l'âme de la chair dans une femme jusque-là insensible ! C'est une joie rare, mais la plus grande qui soit au monde, et quiconque l'a goûtée a le droit de mourir ! Ce rêve fut celui de Pygmalion, et il n'est pas vrai que Galatée soit toujours infidèle. J'ai vu de grandes amours qui n'étaient, de la part de la femme, qu'une longue reconnaissance. Certes, celui qui compterait sur cela témoignerait d'une étrange fatuité ; mais il ne faut pas chasser de sa vie cette noble éventualité, l'appétit de cette glorieuse aventure. Qu'elle doive ou non se réaliser et couronner votre recherche, le premier désir est toujours timide auprès de la beauté véritable, parce qu'il est déjà le commencement de l'amour.

L'AVEU

I

Si nous causions, une fois encore, des choses de l'Amour, les seules qui, à mon très humble avis, méritent qu'un sage les médite à tout propos, les seules qui puissent et doivent occuper la vie entière, puisque c'est aimer encore que se souvenir! Je lisais, il y a quelques jours, un roman célèbre du siècle dernier sur cet immortel sujet, et j'étais si fort indigné de la façon dont s'en comportait le héros que je me promis d'en dire en quelques lignes ma façon de penser. Il appartient, en effet, à l'école des séducteurs, comme celui de Clarisse Harlowe, école dont il me serait doux de dénoncer aux savants de tous les âges les stupides enseignements. Cet imbécile agit activement et ne manque pas une occasion de parler, deux choses qui m'ont paru prodigieusement inutiles entre personnes que pousse, l'une vers l'autre, une implacable fatalité. Car les anciens concevaient ainsi l'amour, comme une force qui nous enveloppe, nous entraîne et qu'il est également insensé de vouloir exciter ou vaincre. Volontiers, je dirais à ceux qui lui veulent donner leur âme tout entière ce vers du vieil Horace à ses fils :

Faites votre devoir et laissez faire aux dieux !

D'autant que le devoir est, en cette occurrence, le plus aisé du monde. Il s'agit simplement de ne pas contrarier les décrets d'en haut par trop de maladresses.

II

Je déclare d'abord que si toutes les femmes sont aimables, toutes ne sont pas dignes d'être aimées. Je mets à part celles qui cèdent à la lassitude et sont destinées aux importuns; celles qui se rendent à l'amour-propre, et que je laisse aux fats; celles qui se rendent à la persuasion et manquent certainement de sens. Après tout, il en faut pour tout le monde, notamment pour ceux qui n'entendent rien aux choses de la passion. Mais je ne veux m'occuper que des autres. Or, une femme vraiment femme n'a jamais besoin qu'on lui dise qu'on l'aime; elle le sait, du moment où vous avez senti la divine étincelle. Si elle feint de ne pas le comprendre, c'est une coquette qui ne vous donnera qu'à souffrir; si, le comprenant, elle ne va pas à vous, ou, du moins, ne vous laisse pas venir à elle, c'est qu'elle se sent incapable de vous aimer et alors votre devoir, le devoir dont je parlais tout à l'heure, est de ne pas vous obstiner. Car si elle est logiquement cruelle, vous n'avez rien à en attendre, et si elle est absurdement bonne, vous n'en obtiendrez qu'une pitié plus insultante que le dédain. Etre aimé par charité est la plus triste façon d'être pauvre. Vous voyez bien qu'il n'y a ni stratégie à employer, ni discours à faire en tout ceci. Ce n'est que dans les comédies qu'un ami scrupuleux parvient à cacher, durant des années, à la femme de son ami la passion qu'il éprouve d'elle, pour le lui révéler un jour, avec un grand fracas. Si la femme de l'ami n'est pas la plus terrible bête de son temps, il y a belle lurette qu'elle a tout deviné et qu'à ce discret soupirant, elle a montré la porte ou ouvert ses bras.

III

Certes, il est doux de dire à une femme :

Je t'aime! mais seulement quand elle le sait déjà. Car, autrement, je ne connais pas de nouvelle plus insipide à lui donner. Ce mot divin n'a de sens qu'étouffé de baisers, de baisers pris et rendus, non pas volés à des lèvres inertes. Passe encore pour ce petit discours-là quand il est interrompu comme je viens de le dire. Mais bornons là le bavardage. La femme qui vous force à lui expliquer longuement ensuite ce qu'on attend d'elle, se moque de vous ou mériterait qu'on lui remplît le ventre de marrons. Voilà où l'emploi de l'éloquence devient monstrueusement ridicule! Je sais de fort belles créatures dont je me suis subitement détourné parce qu'elles m'avaient contraint, par leur inintelligence, à cette grotesque communication. Quel souvenir reconnaissant je vous garde, au contraire, vous les seules, vous les vraies aimées, dont l'abandon m'est venu à l'heure où moi-même je me donnais tout entier, dont la volonté n'a pas inutilement enfiévré mon désir et retardé mon bonheur, qui n'avez eu ni une révolte ni une colère contre l'immortelle loi qui nous faisait amants! Ah! ces moments-là sont les seuls que je voudrais revivre, où j'ai senti rouler sur ma poitrine vos têtes chères et vaincues, et vos bras défaillants se fondre sous mes caresses dans le grand silence qui noyait nos bouches. Tout amour qui ne commence pas par cette communauté d'ardeur impuissante à se traduire par des mots, par cette confusion muette de deux êtres éperdus dans une même pensée, est un amour découronné de sa plus noble joie et de sa plus douce mémoire!

IV

Imaginer qu'on en viendra là par des habiletés de tactique et par des ingéniosités de langage est une illusion tout à fait naïve. Elle fut cependant celle d'écrivains fort spirituels du dix-huitième siècle, mais non pas de cet admirable abbé Prevost, qui composa le seul livre vraiment passionné de ce temps. Des Grieux ne faisait ni madrigaux, ni plans de campagne, en suivant l'ignoble charrette où Manon lui apparaissait comme une déesse debout sur son char glorieux. Ce n'est pas que je l'entende donner pour modèle aux amants dont je me fais le conseiller, mais son exemple vient singulièrement à l'appui de ma thèse, puisqu'il lui a suffi d'aimer, et d'être aimé comme je le comprends, pour se faire pardonner tant de choses par la postérité! C'est qu'il n'est vraiment d'amour que dans cette foi aveugle à d'inflexibles destinées, qui vous montre une femme comme devant être fatalement votre victime et votre bourreau tout ensemble. Il semble que nous soyons tous, comme les fils d'Adam dans la Genèse, les exilés d'un bonheur perdu, les proscrits de quelque lointain paradis. Ceux qui doivent s'aimer se reconnaissent à de mystérieux signes. Compatriotes du même rêve, ils vont l'un à l'autre et un mot, un simple frisson sur leur lèvre leur révèle l'auguste fraternité qui les unit. C'est de ces rencontres que naît l'amour véritable, celui qui jaillit, comme un arbre vivace, de racines plantées au plus profond de notre âme.

V

Aimer ! Une autre folie des romans et des comédies que d'appeler amour tout ce qui précède la possession. J'en suis fâché pour le génie de Gœthe, mais son Werther est une invention pitoyable. Un être sensé n'a jamais le regret de ce qu'il ne connaît pas. Qu'on meure de perdre la femme qui a été à vous, c'est possible et même noblement touchant. Mais qui n'a rien eu ne perd rien, et c'est faire bien ses embarras que de se brûler la cervelle pour en chasser une simple billevesée. Pourquoi de la poudre où quatre grains d'ellébore suffiraient? Ah! celle qui vous a donné l'ivresse d'être compris avant d'avoir parlé, qui, librement, a tendu sa tendresse à votre désir, qui vous a prodigué les ineffables joies dont les chairs avides l'une de l'autre ont le secret, celle-là seulement — que la Mort vous l'arrache ou que la fragilité féminine vous en sépare — doit inspirer de mortels désespoirs ou d'immortels souvenirs! N'en déplaise aux platoniciens à outrance, aimer c'est posséder. C'est posséder pleinement et d'un consentement mutuel sans équivoques; c'est chercher en commun ce que l'âme et les sens comportent d'âpre jouissance et de divin apaisement, c'est tenter les limites d'un plaisir dont la reconnaissance doit être un lien qu'on ne brise plus sans briser son propre cœur!

LE BAISER

I

Ceci est pour répondre à une fort honneste dame, que je veux supposer belle aussi, laquelle me fait l'honneur de m'écrire quelquefois, sans que j'aie celui de connaître même son nom, et qui me demande mon opinion sur ce grave et difficile sujet. J'avais grande envie, d'abord, de la renvoyer au chapitre que lui a consacré Jean de la Caza, archevêque de Bénévent, chapitre dans lequel ce saint prélat déplore avec beaucoup de sérieux l'infortune des personnes que la longueur de leur nez empêche d'approcher leurs lèvres de celles des femmes, ou bien encore à un article de Voltaire où la chose est tournée au plaisant. Mais j'ai réfléchi qu'on attendait de moi une impression personnelle et j'ai tenté de recueillir les souvenirs troublés, qui demeurent de ma jeunesse enfuie, pour en tirer, sinon une théorie, au moins quelques idées précises et formant un ensemble. Ne craignez rien cependant, ô vous qui m'avez longtemps versé cette ivresse divine, ni vous qui m'avez accordé en passant cette furtive caresse; je ne conterai jamais ni mes enchantements, ni vos trahisons!

II

J'ai peu de choses à dire du baiser qu'on donne sans le recevoir, de celui qu'on vole sur une main distraite ou de celui dont on effleure un bout inerte d'étoffe ou un gant oublié. Non pas que je méprise ces enfantillages charmants où l'âme s'essaye aux suprêmes abandons et marche, par un chemin fleuri, vers les abîmes de l'amour. Il est des riens précieux, des reliques ridicules que je ne saurais retrouver encore au fond d'un tiroir sans qu'ils attirent ma bouche. Les roses fanées gardent un parfum doux et pénétrant, une vapeur subtile où, comme dans les brumes du couchant, se lèvent des étoiles. La nuit du passé s'y constelle d'images fugitives et chères qui rayonnent et s'effacent. Oui, les baisers qui ne sont pas rendus ont aussi leur charme. Théocrite l'a dit dans un vers de son *Oaristis*, qu'André Chénier a textuellement traduit ainsi :

Va ! ces baisers si vains ne sont pas sans douceur !

Mais le mot grec disait mieux que *vains*, il disait *vides*. L'inanité est grande, en effet, de ces semblants de baisers, et il ne les faut prendre que comme un apaisement menteur à nos désirs, un aliment décevant à nos regrets.

Il n'est de baiser véritable que celui qui se prend à la bouche. C'est ce que le vieux Théocrite avait voulu dire, et il avait raison.

III

Les modes sont faites pour rapetisser et détruire tout ce qui est noble et sacré. Je n'en veux pour preuve que celle qui, longtemps, allongea la taille prisonnière des femmes, écrasant cet admirable développement des hanches où s'épanouit vraiment l'harmonieuse beauté de leur corps. Il fut un temps, en France, où l'usage banal et courant était de saluer les dames en les baisant aux lèvres. Notre Montaigne protestait alors contre la brutalité de ce procédé, et je reproduis ses expressions indignées : « C'est une déplaisante coutume et injurieuse aux dames, dit-il, d'avoir à prêter leur bouche à quiconque a trois valets, pour mal plaisant qu'il soit. » J'ajouterai que le régal devait être médiocre quelquefois pour les hommes qui y étaient condamnés, et que j'aurais préféré certainement congédier mon domestique que de m'y soumettre en toute occasion. C'était, à la fois, une coutume malpropre, et la profanation d'un des plus hauts symboles de l'amour. Car, dans un baiser fervent, se confondent vraiment les âmes, les souffles se brûlent au même feu, et les poitrines apaisées aspirent la même fraîcheur enivrante, l'oubli de toutes choses, ce qu'il y a de meilleur et de plus profond dans l'être aimé. Ah! ceux-là sont impies qui prodiguent cette caresse ou la salissent à des lèvres sans passion! à une bouche qui ne l'appelle pas!

IV

Et ceci me conduit tout droit au point où j'en voulais venir, à savoir, que la femme qui l'a acceptée d'un homme et qui lui refuse ensuite ce qu'on est convenu d'appeler davantage agit avec une parfaite déloyauté. Dans le langage de deux êtres qui connaissent les choses de l'amour, le baiser sur la bouche est un aveu et un serment. C'est comme un sceau sous lequel se confondent et prennent une commune empreinte le consentement et le désir. Aussi, si le destin m'avait fait jaloux, n'aurais-je attendu, pour me compter parmi les notables cocus de mon temps, que de voir ma femme tendant ses lèvres à celles d'un étranger. Ceux qui, étant de ce tempérament, en demandent plus pour se mettre en colère, sont vraiment bien difficiles. Je sais que le code est plus exigeant, mais il n'est pas *ad usum* des délicats en matière de sentiment. Pour les raffinés, voire seulement pour ceux qui se piquent de raisonner, la suprême injure est là. Que peut importer le reste à qui sent que le désir s'est détourné de lui et qu'il ne doit plus demander la fidélité qu'à un sacrifice ! Je plains ceux dont l'âme est assez basse pour accepter celui-là. Car je les défie de le payer ce qu'il vaut. A qui ne sait plus se faire aimer, il ne reste qu'à subir une loi inexorable.

Mais la trahison envers l'époux est tout entière dans le premier baiser donné à un autre, aussi bien que le bonheur tout entier de l'amant, à moins que la femme, fausse envers tous les deux, n'y cherche que la torture de l'un et de l'autre, ce qui arrive quelquefois.

V

Ce que doit être le baiser pour contenir tout ce qu'il comporte d'enchantement et d'abandon, c'est ce que je ne me charge pas d'apprendre à ma curieuse correspondante. Qu'elle se fasse traduire les dix-neuf petits poèmes merveilleux que le faux latin Jean Second, du seizième siècle, a écrits à ce propos dans la langue d'Ovide et que Monsieur Tissot a mis en assez médiocre français. Je me contenterai, quant à moi, de lui rappeler ces beaux vers de notre Ronsard, lesquels, outre qu'ils sont sublimes. expriment une idée tout à fait juste et dont l'audacieuse expression avait besoin d'être défendue par l'autorité de son nom :

> Ah ! tu devrais imiter ces pigeons
> Qui, tout le jour, de baisers doux et longs
> Se font l'amour sur le haut d'une souche.
> Par grand'pitié, maîtresse, désormais,
> Ou baise-moi, la saveur en la bouche,
> Ou bien du tout ne me baise jamais !

Pour ne le point savoir dire aussi bien que lui, je pense absolument comme Ronsard.

L'AMOUR

I

Ces courtes études n'ont qu'une prétention et ne comportent qu'un mérite : la franchise absolue. Arrivé à l'âge où les impressions, moins spontanées, se réfléchissent dans l'esprit; où l'on revit, par le souvenir, les jours déjà vécus; où l'on se demande ce que le passé vous a appris avant d'aborder un avenir moins long sans doute, je veux vous décrire, bien sincèrement, l'idée que je me fais aujourd'hui du sentiment qui a pris le meilleur de ma vie. Cette idée m'est peut-être absolument personnelle, et je n'y veux amener qui que ce soit, n'ayant aucune vocation pour l'apostolat. Si lumineuse qu'elle m'apparaisse au fond de mon cerveau, je n'en veux pas faire un petit soleil pour tout le monde.

Et, puisque je suis dans une de ces veines d'honnêteté où le lecteur devient un confesseur, je préviens charitablement ceux qui attendraient de ma plume quelques variations grivoises sur le thème que j'aborde, qu'ils en seront absolument pour leurs frais. L'aimable cochonnerie n'a rien à y voir. Car je la tiens pour aussi lointaine de l'Amour que l'est du ciel l'image des voûtes azurées réflétées dans le miroir fangeux d'un égout.

Voilà une profession de foi nette.

C'est que je me fais une idée très grande de l'Amour, si grande que je n'en ai jamais trouvé dans les auteurs qui en ont écrit, une définition qui me satisfît. C'est encore ce vieux mystique d'A Kempis qui a dit le mieux, à son endroit, et ce serait une page immortelle si elle n'était rédigée dans un latin dont on ne voudrait pas dans les cuisines de la Sorbonne. Elle commence ainsi: « L'Amour est la plus grande de toutes les choses, le plus grand de tous les biens. Il rend léger tout ce qui est pesant, etc... » Tout ça, c'est des attributs de l'Amour, mais rien davantage. Je veux une définition catégorique.

II

Après une vingtaine d'années de réflexions philosophiques et d'expériences consciencieuses, je m'arrête à celle-ci: l'Amour est une aspiration vers une forme supérieure.

Elle n'est pas si vague qu'elle en a l'air et a deux avantages immédiats. Le premier est de rentrer absolument dans la conception antique. Les spiritualistes grecs, en effet, n'ont pas perdu une occasion d'affirmer, sous une métaphore poétique, la fraternité de l'Amour et de la Mort, celle-ci n'étant aussi, pour eux, qu'une occasion de métamorphose.

Or, nous aurons beau dire, ces gens-là auront été les premiers du monde et l'intuition qu'ils ont eue des choses demeure notre immortel enseignement. Les progrès de la science n'ont rien pu contre elle. Le second mérite de ma définition, c'est qu'elle associe l'idée d'amour à celle de race, laquelle ne doit pas en être séparée. En choisissant, pour mêler sa vie à la sienne, un être plus beau que soi-même, on se prépare à revivre dans un produit qui, logiquement, vous doit être plastiquement supérieur. Cette recherche n'est pas seulement agréable (je vous en donne ma parole d'honneur); elle constitue un véritable devoir pour tous les gens de mon sentiment.

III

Donc l'Amour, le véritable, le seul que je veuille nommer de ce nom, est, avant tout et par essence, un hommage à la Beauté. Je tiens pour de purs libertins ceux qui ne sont pas de cet avis et me préoccupe peu de l'opinion de ces malpropres. — Et les femmes laides? me direz-vous. Vous les condamnez donc d'un trait de plume à n'être jamais aimées? — Moi? par exemple! D'abord il est, Dieu merci, peu de femmes absolument laides. Et puis le nombre des gens ayant le sentiment pratique de la Beauté féminine est d'un petit qui m'épouvante. L'admiration raisonnée des formes de la femme et de son visage n'est le fait que des élus. J'ai vu des êtres bien constitués et de bonne foi adorer des guenons, non pas *quoique* laides, mais *parce qu*'ils les trouvaient jolies. C'est ce qui m'a paru le plus concluant, en faveur de notre origine simiesque. Les femmes dénuées de charmes réels peuvent longtemps encore compter sur le mauvais goût des hommes pour en voir se rouler à leurs grands pieds qu'ils trouveront petits. J'ai dit que l'Amour était une aspiration. Eh bien, cette aspiration peut être sincère et s'adresser mal. D'abord, nous autres hommes, nous sommes devenus si laids qu'il n'en faut pas beaucoup à une femme pour être mieux que nous. Je dit ça pour consoler les myopes et encourager les gens modestes.

IV

Mais, entendez bien, je veux de la sincérité ! Ceci m'est une occasion d'effleurer un sujet périlleux, celui de l'Amonr dans le mariage, où, le plus souvent, l'homme est venu à la femme sans se faire la moindre illusion sur son manque de beauté. Les sceptiques vous montrent, dans ce genre de ménages, le plus fréquent, assurément, la mari caressant, empressé, ayant tout l'air amoureux. Eh bien, après ? Ça prouve qu'une certaine dose de polissonnerie n'est pas incompatible avec le sentiment des affaires et même avec une certaine somme d'amitié. Mais ça de l'Amour ? Non, mes petits pères ! L'Amour ne se fait pas avec de l'habitude et un excès de santé.

Notez que je ne conteste pas l'état béat de ces personnes et qu'on le peut trouver enviable. L'Amour est une source effroyable de douleurs. Mais il comporte aussi d'effroyables voluptés que je dénie absolument à ces bipèdes raisonnables et auxquelles ne renonceront jamais ceux qui les ont goûtées une fois. Encore un coup, la matière est délicate, et je ne me dissimule pas que, vivant sous le règne glorieux du suffrage universel, je suis en train de parler de la majorité de mes concitoyens. J'éviterai donc toute parole irritante, en me contentant de les qualifier d'impuissants et de goujats.

V

Impuissants! Que ne le sont-ils dans le sens brutal du mot! C'est à eux que nous devons cette race abâtardie où la noblesse des formes va s'effaçant dans la promiscuité des laideurs. A prendre les choses dans leur sens vraiment élevé, l'indifférence de l'homme à la beauté de la femme qu'il jette dans son lit est un outrage aux plus saintes lois, et une façon de crime social. C'est un renoncement à l'idéal et un acte d'abaissement volontaire que je cherche vainement encore à m'expliquer. Quoi de plus noble que le droit de tenter la tendresse d'un être dont l'essence vous paraît supérieure à la vôtre, dont la seule vue vous remplit d'adorations et de muettes prières ? Car l'Amour, le vrai, est respectueux et timide. C'est un suppliant qui tremble aux portes d'un sanctuaire. Ceux qui ont vraiment le culte de la femme le savent bien. Il y a dans l'abdication de ce droit une sorte de castration morale plus humiliante que l'autre. Ces déclassés de l'Amour me font l'effet pénible de gentilshommes ayant contracté le goût de la crapule. Tenez, j'aime autant que nous n'en parlions plus.

VI

Mais tous ces petits mal bâtis qu'ils laissent choir sur le monde nous en parlent malgré nous. Ces avortons du mariage de raison nous vaudront certainement une pile de la part de quelque race plus neuve et dont la cupidité n'a pas encore épuisé les instincts vitaux. Ce sera l'effroyable vengeance de l'Amour que notre société pourrie semble vouloir exiler, comme s'il n'était pas la vie des races, la force des nations, l'immortelle sève de l'humanité. Proclamer chez l'homme l'élan vers la Beauté, en perfectionnant chez lui l'idée de celle-ci par une éducation plastique meilleure, voilà ce qu'il faudrait. Lui dire d'aimer avant tout, et lui mieux montrer ce qu'il doit aimer, voilà ce qui serait sage ! Ainsi le faisait la Sagesse antique, prodiguant sous les yeux des femmes grosses l'image parfaite des demi-dieux, encourageant la Beauté comme une vertu, célébrant l'Amour par la voix de ses poètes jeunes encore! Car l'Amour, le vrai, celui que j'ai voulu définir, nous vient de ce petit coin du monde, de ce peuple élu qu'enseigna Platon du haut des promontoires. Nous qui portons encore du sang latin dans nos veines, nous seuls avons gardé un peu de cet héritage qu'il nous faut défendre contre les peuples barbares où l'Amour n'est encore que le désir brutal et sans au-delà. N'est-ce pas, maître Faust! Et vous, piqueuse de bottines Marguerite?

J'ai terminé, mesdames, et n'attends plus que vos commentaires,

LA JALOUSIE

I

Un crime récent m'inspire ce chapitre. Un apothicaire en a taillé un autre en petit morceaux sous prétexte qu'il était l'amant de sa femme !

O Jalousie, je vais donc pouvoir enfin te dire tes vérités et percer à jour ta prétendue noblesse, toi dont une société par trop naïve a fait une circonstance atténuante des plus grands crimes et qui mériterais d'être punie pour toi seule, comme venant toujours des bas-fonds de l'âme. Admire Othello qui voudra ! moi je suis pour Desdemone.

Mais nous sommes loin de ce monde héroïque et c'est dans l'âme d'un simple pharmacien qu'il nous faut descendre actuellement. Eh bien, quoi? Un pharmacien est un homme comme un autre, depuis, surtout, que ces messieurs de la droguerie ont accoutumé de parler à d'autres visages qu'autrefois.

Les pharmaciens ont les mêmes passions que nous et, pour débiter aux vieilles femmes ce que celles-ci appellent de l'*austerlitz*, de l'*huile d'Henri V* et de l'*eau d'andouille à faise la noce*, ils n'en ont pas moins leurs rêves, rêves de fortune bien entendu. Car il n'en est pas d'autres aujourd'hui. Ce droguiste meurtrier avait eu la fièvre des inventions lucratives : il avait imaginé une eau qui rendait l'usage du peigne fin nécessaire aux billes de billard. Seulement, ça n'avait pas réussi pour les têtes chauves. Son malheureux rival avait sacrifié au dieu des spécialités et mis au jour des pilules purgatives qu'on s'offrait, dans tout le quartier de la

Madeleine, au jour de l'an, tant elles dépassaient, par leur suavité, les bonbons les plus exquis. Insuccès là et succès ici. Rivalité entre une solution capillaire et un opiat émollient. Voilà ce que l'avocat des assassins revêtira des noms pompeux de jalousie et d'honneur vengé !

II

Certes, l'espèce est grossière et le cas particulier. Mais dans le cas des maris ou des amants qui tuent, vous trouverez toujours autre chose qu'un amour exaspéré. Et cela pour l'excellente raison qu'il n'y a rien de commun entre la jalousie et l'amour, au moins dans ce que ce dernier a de noble et de grand. Il faut être bête comme une vieille culotte de peau — et Othello n'était pas autre chose, quoique la peau de sa culotte naturelle fût noire, — pour s'imaginer que la jalousie est un signe d'amour. En allant au fond des choses, Othello n'eût probablement pas fait tant de bruit si son rival eût été un moricaud comme lui. Il enrageait surtout de ce que l'autre fût blanc, tandis que lui-même ressemblait à un ébène taillé (car je me refuse à croire qu'il fût simplement grise-souris comme nous l'a montré M. Taillade par une coquetterie de comédien bien déplacée.) Toujours la même chose! De l'amour, non! mais infiniment d'amour-propre. Tout homme trompé est surtout furieux de ce qu'un autre a été trouvé plus joli que lui. Si ce sentiment vous paraît particulièrement noble et élevé, je quitte ma plume et me remets à fumer une cigarette. Vous vous imaginiez donc, mon petit ami, qu'il n'y avait personne sur terre qu'on pût vous préférer? Vous êtes modeste!

III

Tout au plus le jaloux pourrait-il invoquer la même excuse que le propriétaire violent qui frappe l'homme surpris en train de le voler. La femme comparée à une valeur au porteur! comme c'est flatteur pour elle! Mais là est le point essentiel de ma théorie : c'est, monsieur, qu'on ne vous a rien volé du tout. Nous n'avons, en somme, de bonheurs, que ceux que nous nous faisons nous-mêmes et dont tout ce qui nous vient de l'extérieur n'est que l'occasion. C'est donc en nous-mêmes que nous portons et que nous cachons le trésor de nos joies. Dans une très belle pièce de vers, Louis Bouilhet a dit à une perfide :

> Tu n'as jamais été, dans nos jours les plus rares,
> Qu'un instrument docile à mon archet vainqueur,
> Et, comme le vent souffle au ventre des guitares,
> J'ai fait chanter mon âme aux vides de ton cœur.

J'ajouterai que l'instrument est admirable et le plus beau qui soit au monde, pour adoucir ce que cette proposition a de peu galant. Mais, cette concession faite à ma courtoisie envers le beau sexe, je la défendrai mordicus. Et je vous demanderai, monsieur, si vous avez le droit de tuer un homme parce qu'il a joué quelques variations sur votre violon.

IV

Si encore il s'était permis d'y exécuter un air dont vous êtes l'auteur et qui soit parfaitement inédit. Mais non! il y a longtemps que le morceau est dans le domaine public, et vous auriez mauvaise grâce à faire un procès à Adam (rien d'Adolphe) qui l'exécuta avant nous tous. Chacun le joue à sa manière, et c'est pour cela qu'en bonne logique aucun tort ne vous est fait. Les impressions que la femme aimée donne à votre heureux rival, le monde dont elle emplit son cœur et son cerveau ne sont nullement identiques aux impressions et au monde que vous en recevez vous-même. Ce sont choses essentiellement variables, vagues, comme fluides, et qui se modèlent, dans chaque être, suivant la forme de son crâne et la capacité de son sternum. Imaginez la même eau du ciel coulant dans deux torrents différents. Ainsi coulent dans nos veines les délicieux poisons de l'amour. Les sentiments inspirés par une femme à un autre que vous ne vous appartiennent pas davantage que le sang qui flotte dans ses artères. Puisque ses ivresses ne sont pas les vôtres, vous voyez bien qu'il ne vous a rien pris. Avant de crier : Au voleur ! et de faire arrêter un homme parce qu'il a un porte-monnaie dans sa poche, encore faudrait-il avoir des raisons de croire que c'est le vôtre. Et vous voyez bien que non !

V

Mais il est entendu que la jalousie ne se raisonne pas ! La colique non plus. En est-elle une plus noble chose pour cela ? Ce n'est pas en présentant les passions sous cet aspect de fatalité qui les réduit à des cas pathologiques qu'on leur trouvera de la grandeur. La jalousie ne se raisonne pas, par l'excellente raison qu'elle est absurde. Voilà tout! L'amour, il est vrai, ne se raisonne pas davantage. Mais c'est pour d'autres causes, dont la première est qu'il est une loi de la vie et la raison d'être de la continuité des races. Comme le soleil, il échappe aux discussions humaines, parce que rien de ce qui existe ne saurait se concevoir sans lui. La jalousie, au contraire, est une œuvre de ténèbres et un instrument de mort.

Je suis parfaitement convaincu que l'assassin ne sera pas condamné à mort. Il n'aura pas même besoin de recourir à la clémence, un peu banale, de M. Grévy. Le jury n'osera pas envoyer cet homme à l'échafaud parce qu'il était cocu et qu'il paraît que la vie d'un cocu est une chose éminemment respectable. Châtier un homme qui a la jalousie pour avocat! Il est vrai que cette jalousie portait surtout sur la prospérité du commerce de la victime. Mais c'est égal. La femme était là. Et quelle femme enviable! Le mari trompé n'avait qu'un grief sérieux contre son ancien élève : c'est que celui-ci ne l'eût pas complètement débarrassé de cette immonde créature.

Moi je voudrais qu'à cette occasion on revînt sur cette excuse imbécile du monsieur qui tue par jalousie, excuse qui donne à un mari, pour peu qu'il soit trompé, droit de vie ou de mort sur un ou plusieurs de ses concitoyens. Je trouve ça bête et monstrueux. Est-ce donc la faute du reste du monde s'il n'a pas su se faire aimer de sa femme?

J'ai dit.

L'AMITIÉ

Ils ont presque commencé la vie ensemble. Ils ont ouvert leur cœur l'un devant l'autre, à l'âge où le cœur est comme un vase d'eau pure dont on voit bien le fond. Puis leurs mains se sont serrées; ils ont mis en commun tout ce qu'ils sentaient en eux de meilleur, la révolte contre l'injustice, les larmes des premiers chagrins et la joie des premiers triomphes. Ils ont grandi sans se perdre jamais de vue, gardant l'un sur l'autre l'illusion de ce qu'ils ont jadis valu, — car l'homme devient pire en vieillissant, — sans épuiser jamais ce fond de sympathies spontanées qui les avait rapprochés. Je sais des amitiés ainsi formées capables de tous les dévouements et de tous les sacrifices. Mais ce n'est que dans la jeunesse qu'elles se fondent. Plus tard, le scepticisme et l'expérience ne nous permettent plus que des camaraderies plus ou moins agréables, que des intimités de rencontre qui peuvent d'ailleurs avoir leur charme aussi.

De l'amitié entre hommes, je ne veux d'ailleurs rien dire. C'est une des formes de l'affection les moins sujettes à conteste. C'est une passion calme qui a été celle des plus nobles esprits. Le divin Platon lui donnait une extension sur laquelle il serait de mauvais goût d'insister, ne faisant que suivre, en cela, les préceptes de son maître, Socrate, lequel, au dire du philosophe Louis Ménard, avait bien un peu mérité le verre de ciguë que lui octroyèrent les défenseurs de la morale athénienne. Cicéron épura le sujet dans un livre immortel qui fait vivre encore auprès du sien, le nom d'Atticus. Enfin, un auteur allemand, qu'on me faisait traduire au collège, a énoncé une formule dont la concision me confond encore et qu'on nous interprétait ainsi en français. « Deux amis n'en font qu'un ! »

Je renonce à trouver mieux que cet axiome.

II

Elles ne sauraient se rencontrer sans s'embrasser avec effusion ; elles ne sauraient causer sans avoir à échanger des paroles mystérieuses que suivent de grands éclats de rire ; elles semblent ne pouvoir se passer l'une de l'autre, jusqu'à ce qu'elles restent des années à s'écrire de tendres choses, sans jamais avoir l'idée de faire trois pas pour se retrouver ensemble. Elles parlent sans cesse aux tiers de leur inaltérable affection. Tout leur est occasion à dévouements faciles et à sacrifices qui coûtent peu, mais que remarque la galerie. Elles étaient inséparables au couvent parce que les couvents qui n'ont plus de grilles ont encore des murs. Elles ont pleuré au mariage l'une de l'autre et se sont appelées : Ma chère enfant ! Vous les avez vues comme moi se promener bras dessus bras dessous, dans les grandes allées du parc, avec un abandon délicieux à voir. Honni soit qui mal y pense ! La femme est un être essentiellement caressant, et ce n'est pas moi qui lui en ferai un reproche. Sont-elles jolies toutes deux ? Le premier godelureau qui préfèrera tout haut la beauté de l'une à celle de l'autre pourrait bien les brouiller.

L'une est-elle jolie et l'autre laide ? Le sentiment de la première s'appellera tout simplement compassion et celui de la seconde résignation. Enfin sont-elles laides toutes les deux ? Alors ce ne sont presque plus des femmes, si elles en ont conscience surtout.

De l'amitié des femmes je ne dirai donc rien, parce que je n'y crois pas.

III

Eh ! eh ! voilà mon terrain joliment déblayé. Il n'y demeure plus, en effet, devant moi, qu'un sujet de commentaires : l'amitié entre deux personnes de sexe différent. Aussi bien me convient-il beaucoup par ce qu'il a de délicat et de périlleux. Et d'abord ce sentiment est-il possible ? Certainement, mais à une condition expresse, c'est qu'il soit seul possible entre ceux qui l'éprouvent. Cette réserve faite, il comporte une saveur toute particulière et un charme que je recommande aux raffinés. Il vit, en effet, de perpétuelles curiosités amusantes à satisfaire, pour l'homme surtout. Car, pour celui qui a le plus vécu avec les femmes, la femme demeure un être aussi profondément mystérieux que le premier jour. Je ne suis pas d'ailleurs convaincu, de vous à moi, que les femmes lisent aussi sûrement au fond de nos âmes qu'elles le prétendent. On peut fort bien tenir les ficelles d'un pantin sans se rendre absolument compte de la façon dont il est construit. La preuve, c'est qu'elles tirent de temps en temps les ficelles à faux, au point de les casser. La preuve encore, c'est que rien n'intéresse une femme intelligente comme les confidences d'un homme capable d'analyser et de raisonner ses impressions. Ce genre d'amitié vit donc surtout d'un échange de pensées tout à fait intime et sincère. C'est une source de conseils excellents, dans lesquels chacun trahit les intérêts de son sexe. Nulle, mieux qu'une amie véritable, ne vous dirige dans la conduite d'un amour difficile. Simple remarque : dans l'amitié qu'une femme témoigne à un homme, il y a presque toujours et surtout de la haine pour les autres femmes. Ce genre de tendresse est rarement d'une élévation absolue, à moins qu'il ne prenne, ce qui arrive quelquefois, un caractère absolument maternel.

IV

J'arrive à un point que j'ai visé tout d'abord en commençant cet article et que j'ai indiqué déjà, car j'y veux faire une franche déclaration de principes.

Il n'est pas un de nous à qui une femme dont nous étions épris et dont nous couvrions les genoux de larmes suppliantes n'ait dit avec une solennité douce : — Relevez-vous, Venceslas ou Bertrand, et donnez-moi loyalement votre main. Car si je ne puis être votre maîtresse, je veux être votre amie !

C'est à cette espèce de farceuses-là que je me suis promis de dire leur fait.

Ce « soyons ami, Cinna » est une des meilleures plaisanteries que je connaisse. J'ai toujours pris mon chapeau avec empressement quand elle m'a été faite et sans jamais exhaler mon indignation en termes qui eussent été peut-être un peu vifs.

Je vais me rattraper aujourd'hui en bloc ?

— Ah ! vous voulez être mon amie, madame, et vous commencez par me refuser la seule chose que je vous demande !

Permettez-moi de vous dire que vous ne savez pas le premier mot de ce que c'est que l'amitié. Je suis comme Abner à l'endroit de la foi. L'amitié qui n'agit pas n'est pas une amitié sincère. Chaque amitié doit agir d'après ses ressources personnelles. Ah ça, est-ce que vous croyez que je permettrais au baron de Rothschild de se dire mon ami, le jour où il me refuserait cent mille francs, ou à Puvis de Chavannes s'il ne m'accordait pas l'esquisse que je lui demande, ou à Gounod s'il s'entêtait à ne pas écrire le choral que je désire pour ma fête. De quel droit ces gens-là se targueraient-ils d'un titre qu'ils n'achètent par aucun acte du dévouement qui est à leur portée ? Est-ce qu'un simple épicier se permet de vous offrir de la cannelle quand vous lui demandez du sucre concassé ? Il ferait beau voir que M. de Rothschild me proposât une valse au lieu d'argent, ou Gounod un tableau au lieu de musique ?

Or, madame, ce que je vous demandais était parfaitement précis et, de plus, absolument dans vos moyens. Vous me proposez à la place, de la conversation ! Grand merci ! J'ai, pour cet article, Aurélien Scholl, Dreyfus, Villemot, qui ont vraisemblablement plus d'esprit que vous. Donc, allez-vous faire... mais peut-être n'avez-vous pas attendu ma permission pour ça ! Car je ne suis pas un naïf, madame, et, malgré votre vertu révoltée, je demeure parfaitement convaincu que vous n'avez pas toujours dit et à tous : Soyons amis, Venceslas ou Bertrand ! En bon français, ce menu propos signifie : Je vous trouve laid et j'attendrai mieux !

Voilà mon opinion sans artifice sur le genre d'amitié qu'une femme peut offrir à un homme amoureux d'elle. J'ajouterai que deux êtres entre qui peut se tenter l'essai loyal de l'amour montrent bien peu d'imagination et de fantaisie en s'en abstenant. Sainte-Beuve avait là-dessus une théorie : celle du *clou d'or*, sans lequel il n'est pas d'attache durable entre gens n'appartenant pas à la même moitié du genre humain.

LE DON-JUANISME

I

N'en déplaise au génie de Molière, me pardonne le génie de Mozart et m'absolve le génie d'Alfred de Musset, je n'ai jamais rien compris au personnage de Don Juan. Que je le retourne par le physique ou par le moral, je ne parviens pas à y trouver un élément d'intérêt. Au premier de ces points de vue, il demeure notablement inférieur au lapin et an cochon d'Inde, si j'en crois les indiscrétions de l'histoire naturelle sur l'intempérance génitale de ces animaux qui ont le bon esprit de n'en pas être démesurément fiers. Au second, il me fait tout l'effet d'un simple jobard et je n'en veux que sa propre légende pour excuse. Il n'est pas besoin d'être un aigle — ça serait même gênant — pour obtenir les faveurs des maritornes et des fillettes champêtres. Il y a tous les jours des valets de chambre et des garçons de ferme qui s'offrent ce genre de succès. Je ne parle pas des courtisanes, qui sont déjà d'un abord plus difficile, puisqu'il faut avoir de l'argent dans sa poche pour leur plaire. Quant aux grandes dames, je n'en ai jamais tâté, mais j'ai connu approximativement des gens dignes de foi qui m'affirmaient que le désir de tromper leurs maris les rend quelquefois accessibles même à de pauvres diables et à des imbéciles. Je crois avoir parcouru toute la clientèle de Don Juan. Une seule de ses maîtresses, Elvire, me semble avoir été malaisée à obtenir et dans des conditions difficiles. Une seule! Et il est obligé de l'épouser! Vous m'avouerez que, pour un séducteur de profession, c'est échouer avant le port. Et, puisqu'il faut dire tout net ma pensée, il n'est pas une chose dont un homme se doive moins enorgueillir que d'avoir été beaucoup aimé des femmes ; car le goût de celles-ci les porte souvent vers les plus bêtes d'entre nous, et les plus intelligentes d'entre elles n'échappent guère à cette loi.

Voilà l'ordre de considérations qui ruine, dans mon esprit, le prestige de Don Juan. Mais je dois dire qu'il est grand encore dans les départements de mon pays où les godelureaux le prennent pour modèle et où les désœuvrés tentent de lui ressembler, où les mots de *triomphe* et de *succès* font encore partie du vocabulaire de l'amour.

II

Triompher d'une femme ! Qu'est-ce que cela peut vouloir bien dire dans une société civilisée où tout amour avouable repose sur un mutuel consentement? Ils sont cependant encore pas mal comme cela en province qui appellent leurs maîtresses des *conquêtes*, entreprennent le siège en règle de vertus en état de défense, tracent des parallèles autour des réputations inviolées et jouent aux Napoléon à travers les jupes de leurs contemporaines. Toute une jeunesse inoccupée n'a pas d'autres préoccupation. C'est ainsi que s'affirme la nouvelle noblesse marchande et manufacturière issue des bourgeois enrichis. Holà, mes petits pères! si vous croyez que c'est pour vous faire la place que, mes aïeux et moi, nous avons mis à la porte les marquis qui pinçaient le menton des vilaines et pris la Bastille, vous vous trompez furieusement, La Révolution de 89 a eu un autre but que cela, et ce n'est pas une raison parce que vous n'avez pas eu d'ancêtres aux Croisades pour être plus impertinents avec les femmes, que les Rohan et les Montmorency.

C'est, au fond, tellement idiot que cette idée

de *victoire* attachée à la possession d'une femme!

C'est à cette idée-là, d'ailleurs, que nous devons tous les manèges impatientants de la coquetterie suburbaine. Une résistance héroïque donnant plus de prix à la capitulation, un tas de petits Trochu femelles qui ont un plan chez les notaires s'exercent aux apparences d'une résistance désespérée. On sait bien comment cela finira, mais on joue à la petite guerre. Les femmes les plus sottes excellent dans cette stratégie et les hommes les plus vaniteux y prennent un singulier plaisir. Les gens d'esprit seuls savent tout ce que cela vaut.

III

C'est dans les villes du Midi, entre Bordeaux et Perpignan et en passant par Toulouse, que cet art militaire en chambre est particulièrement cultivé. On s'y montre avec une certaine envie des vieux teints qui ont *eu* (un autre joli mot !) des femmes longtemps réputées inexpugnables par les officiers du génie eux-mêmes. *Avoir* une femme ! Encore une fameuse illusion ! « Fuyante comme l'onde », disent les poètes qui sont encore au-dessous de la vérité. Ces messieurs croient fermement qu'ils ont mis la mer en bouteilles. S'ils savaient le peu d'elle-même que, le plus souvent, donne la femme, ils seraient honteux d'avoir ouvert si grand leur désir.

Non ! mais l'amour-propre masculin sera une de mes gaietés éternelles !

C'est dans les choses de l'autre amour surtout (celui qui ne mérite pas souvent le nom de propre) qu'il se développe avec des ampleurs de naïveté vraiment admirables. Dans un des plus célèbres romans de George Sand, Lélia reproche à son amant d'avoir pris sa sœur Pulchérie pour elle-même. Dans ce tas de *vainqueurs*, à mensonge que veux-tu, qui *conquièrent* à travers nos cités méridionales, pas un ne s'est peut-être jamais dit qu'un autre monsieur, opérant exactement de même et dans les mêmes conditions de blague et de latitude, en obtiendrait ou en aurait obtenu tout autant.

IV

Voilà vraiment une pensée bien flatteuse ! Car enfin, si la séduction est un art, comme la stratégie, peu importe l'individu qui l'exerce pourvu qu'il l'exerce avec talent. Le regard devient alors aussi parfaitement anonyme que l'obus. Qu'importe l'artilleur qui l'envoie, s'il touche au but ? Dans cette immense course à la femme qui occupe tous les hobereaux de là-bas, l'intérêt s'attache, comme au bois de Boulogne, à la couleur d'une veste et d'une casquette. Les concurrents peuvent d'ailleurs être laids et bossus comme les premiers jockeys venus.

Cela fait aussi penser au tir aux pigeons.

Drôle d'occupation tout de même qu'une fausse chasse sur un faux gibier, et que la cour faite par un monsieur décidé à la victoire à une dame résignée à la défaite! Au moins les malheureux pigeons fuient, de toute la force de leurs ailes engourdies, le plomb des désœuvrés de la plage. Ils tombent, saignant un vrai sang sur le sable qui le boit. L'homme seul a joué son jeu imbécilement cruel. La bête, du moins, ne s'y est pas prêtée.

Eux aussi, les vainqueurs de colombiers de villages d'eau, éprouvent toutes les joies du triomphe. Ils mettent, comme Henri IV, des plumes à leurs chapeaux. Ils étaient moins pressés en 1870, de mettre des baïonnettes à leurs fusils et ils se contentaient de fortifier Tarascon. C'est que les corbeaux d'Allemagne ne sortaient pas de petites boîtes innocentes et que leur lourde nuée s'abattait avec des déchirements de tonnerre!

Je reviens aux élèves de don Juan *in parti-*

bus des provinciales. Est-ce eux qui m'ont gâté leur professeur ou bien est-ce l'histoire même de celui-ci qui a oublié de me charmer ? Toujours est-il que l'élévation de cette figure parfaitement banale à la dignité de type m'a paru, de tout temps, une fantaisie de poète. Je lui préfère absolument l'image des bons et joyeux ribauds gobichonnant au soleil avec les filles de joie, ou l'image plus austère des vrais amants enfermant le meilleur de leur âme dans une longue et unique tendresse.

AMOUR D'HIVER

I

Les sages nous permettent de nous griser une fois le mois ; les médecins nous recommandent de nous purger au printemps et à l'automne. Les gens d'esprit n'ont besoin de personne pour savoir qu'il faut aimer quatre fois par an. Les saisons n'ont pas été inventées pour autre chose. Voulez-vous me dire, en effet, pourquoi la Nature prendrait la peine de renouveler son décor, si ce n'était pour nous engager à renouveler nous-mêmes l'affiche de nos sentiments ? Plus somptueux en cela que M. Rochard lui-même, dit le

Magnifique, comme autrefois Laurent de Médicis, elle monte quatre féeries admirables en douze mois, avec eau naturelle et lumière solaire, ce qui est infiniment plus beau que la lumière électrique. Il nous reste à y choisir notre rôle, et celui d'amoureux est encore le plus joli qu'on ait inventé, de l'avis de M. Delaunay en personne. Pan! pan! pan! les trois coups frappés, choisissez votre belle et tâchez de ne vous pas faire siffler par les merles qui restent toute l'année à leur stalle d'orchestre, avec leur bec jaune de cocus et leur habit noir de notaires. Impitoyable public que celui-là. Public d'abonnés de province! Ceux-là connaissent leur théâtre. Tâchez donc d'aimer suivant les règles du dieu Cupidon, lesquelles sont d'ailleurs infiniment moins embêtantes que celle de M. Scribe. Vous faut-il quelques leçons? Eh bien! je suis là, et je vais vous rappeler aujourd'hui comment il convient de choisir sa maîtresse d'hiver.

II

Je ne vous recommande pas de la choisir dodue. C'est un avis que j'aurais à vous répéter pour les trois autres saisons. Même lorsqu'elle sert d'étui à une voix d'or, la maigreur est toujours un déplaisant spectacle. Voici, pour humilier nos opulentes compatriotes, les mesures exactes que le capitaine Speck a rapportées des différents appâts de la femme du roi des Ounyalmous : tour du bras, 374 millimètres ; buste, 1 m. 316 ; mollet, 574 millimètres. Voilà un souverain qui avait au moins de quoi s'occuper chez lui et ne devait pas penser à gêner ses voisins par un inutile esprit de conquête. Je sais que les sophistes de ce temps ont inventé « la fausse maigre ». Ne tombez pas dans ce piège. Ce sont des amants honteux du poids ridicule et du métrage insuffisant de leurs conquêtes qui ont imaginé de nous faire croire que chez elles le contenu était très supérieur au contenant, ce qui est contraire à toutes les lois de la physique, voire à celles du bon sens. Ne croyez donc pas à ce signalement trompeur et n'espérez jamais voir jaillir du corsage de Mlle Lina Munte les grâces robustes de Mlle Angèle. Vous en seriez pour vos frais, en admettant que vous ayez été assez imprudent pour les risquer sur cette promesse, contrairement aux principes de M. le marquis de la Garenne.

Donc, en tout temps, mais pendant la rude saison surtout où le besoin d'un plus grand confortable se fait sentir, où vous vous trouvez exposé à remplacer par un surcroît d'intimité le feu d'une cheminée qui fume, n'arrêtez votre choix que sur une personne d'un aspect suffisamment rebondi. Redoutez même, à ce sujet, la trahison des vêtements. Ce sont « les fausses grasses » qui sont à craindre !

III

Vous l'avez recontrée toute emmitouflée de fourrures, descendant de coupé et traversant le trottoir pour acheter des fleurs. Ses bottines ont fait un petit bruit sec et délicieux sur l'asphalte. Vous avez regardé obliquement, à travers les vitres de la boutique, et son visage riant, tout fouetté de rose clair par le vent, vous est apparu coupé en haut du nez par une voilette. Mais vous avez fort bien vu le frémissement inquiétant des narines effleurant les bouquets, la blancheur des dents séparant la pourpre des lèvres et les nobles lignes de la main payant le prix rabattu. C'est fait ! Mais crac ! avant que vous ayez préparé un bout de discours, la dame est remontée dans sa voiture. Vous hélez un fiacre et vous vous mettez à suivre l'enterrement de votre repos. Une heure après, vous savez où loge la chère créature qui vous martyrisera pendant trois mois si vous êtes un sage, ou pendant beaucoup plus longtemps si vous êtes un sot. Le lendemain vous ferez le siège de la maison, vous corromprez, s'il le faut, le concierge avec des billets de faveur du théâtre de l'Athénée. Si, trois jours après, vous n'êtes pas dans la place, c'est qu'il n'y a rien à faire de vous. Renoncez à la carrière et faites-vous nommer conseiller d'État.

IV

A moins cependant (que d'excuses dans ce cas, ô mon frère !) que vous n'ayez renoncé de bon gré à poursuivre plus loin l'aventure pour quelque raison faisant honneur à votre bon sens. Il n'y a que les imbéciles qui, lorsqu'ils entament une relation de ce genre, s'imaginent qu'ils tombent dans une île déserte et sur un cœur vacant, dans une vie, en un mot, libre de toute entrave. Vous avez un rival, vous pouvez en être sûr. Vous allez tromper un homme, un homme comme vous, votre semblable ; d'autant plus votre semblable qu'on vous a vraisemblablement trompé aussi souvent que lui. C'est affreux. Mais votre propre sort vous dispense de tout remords à l'endroit du sien. Qu'une fausse délicatesse ne vous retienne pas. D'abord, la dame que vous convoitez vous mépriserait.

Mais il ne vous est pas permis d'être indifférent à cet homme, à ce collaborateur que vous fait la vie. Vous devez le choisir avec discernement et le traiter suivant ses aptitudes.

Pour l'hiver, je vous recommande, sans hésiter, les hommes politiques. Ce sont les meilleurs cocus que vous puissiez faire.

D'abord, ils vous font la partie belle, en étant prodigieusement assommants dans leur intérieur. Comment voulez-vous qu'une femme ne pense pas avec délices à tromper un animal qui vient de lui parler pendant deux heures de la revision ? C'est absolument comme s'il avait fait lui-même votre lit. Et puis, quand monsieur est à la Chambre, vous êtes vraiment bien tranquille... dans la sienne. Faites-vous tenir au courant des questions qui l'intéressent, et semez, par vos amis, d'adroits canards dans les journaux, pour lui mettre des puces à l'oreille, quand vous désirez qu'il effectue une absence sérieuse. Dame! si vous pouvez tomber sur un ministre, c'est encore meilleur! Nous avons les conseils de cabinet, les grands conseils, etc., etc. Mais ne soyez pas trop ambitieux. On cite des ministres vertueux qui n'ont pas de protégées hors du foyer familial. Contentez-vous des maîtresses de simples sénateurs, inamovibles si vous le pouvez, non inamovibles si vous n'avez pas de chance.

V

Vous m'avez compris, n'est-ce pas? A

bientôt un petit cours touchant les amours de printemps.

Et maintenant, ô adorée qui liras ces lignes, ne va pas croire que je pratique encore ces faciles préceptes d'une vie légère. Non! j'y ai renoncé pour moi-même, mais il me plaît de les enseigner encore aux autres. Pour moi, il n'est plus d'amours hivernales, ni d'amours printanières. Toutes mes amours sont des amours d'automne que réchauffe, en tout temps, le clair soleil de tes yeux!

LE SOUVENIR

I

Encore un chapitre de cette petite histoire de l'âme que j'ai commencé d'écrire ici au hasard de mon humeur et qui n'a, sur les dissertations psychologiques des philosophes, d'autre avantage que ceux d'une sincérité absolue et d'une plus grande intimité. Le souvenir devait y trouver nécessairement sa place ; car s'il n'est pas, comme on l'a prétendu à tort, le meilleur de la vie, il en est le plus long et l'emplit de ses mirages dès que l'action n'ouvre plus devant nous qu'un désert. L'homme arrive vite à ce point de sa route où, rien ne l'attirant plus vers les sommets qu'enveloppe le doute comme un nuage, le désir le prend de regarder en arrière, là où ont fleuri ses illusions sacrées et ses rapides bonheurs. Combien de roses mortes parmi ces roses! Pour la plupart, le chemin parcouru semble lui-même aride et c'est seulement de place en place, comme les rouges piqûres du pavot dans l'herbe stérile, qu'il reconnaît ses pas aux gouttes tombées de son sang. Il lui faut remonter vers les horizons pour entrevoir, dans une vision plus nette, tout ce qui fut son enfance et que semble illuminer une de ces traînées de lumière qui, après l'orage, bordent de feu le ciel confus et sombre. Cette loi du souvenir est la première que je veuille signaler. Il n'est pas nécessaire d'avoir beaucoup vieilli pour reconnaître qu'il est d'autant plus précis qu'il s'attache à des choses plus lointaines. C'est que, dans l'extrême jeunesse seulement, les choses nous frappent avec une force de nouveauté qui les imprime au plus profond de nous, tandis que, plus tard, elles ne nous effleurent plus que avec des angles usés par la monotonie et l'habitude. Je dirais volontiers de la mémoire qu'elle est comme une eau qui, en jaillissant de sa source, a les reliefs tumultueux du premier bouillonnement, mais dont la surface s'aplanit ensuite, à peine ridée de temps en temps par la révolte d'un caillou ou par le souffle qui passe. Son bruit est pareil à son cours, et après la chanson sonore dont elle traversait le sable, elle ne roule plus qu'un murmure perceptible à peine et plein seulement d'une vague mélancolie.

II

En dehors de ces vifs souvenirs de l'enfance qui sont une véritable résurrection de la pensée, je ne vois pour l'homme mûri, que les souvenirs d'amour qui méritent qu'on en parle ici, parce qu'ils sont vraiment un élément de la vie. Je plains l'homme qui n'en a pas la religion et n'a pas eu, de la première femme qu'il a aimée, une impression telle que tout ce qui touche à la femme lui soit désormais important et sacré. Qui n'en a pas l'idolâtrie, au point de s'entourer de reliques et de transformer en objets d'un culte infini tous les riens qui se rattachent à elle, a été un médiocre amant. Tout ce qui fut le décor du bonheur immense qu'elle donne vous devient, par cela même, cher, et il suffit d'en retrouver un lambeau dans un aspect semblable du ciel, dans le retour d'une musique entendue ou d'un parfum respiré, dans quelque chose de plus vague encore quelquefois, pour que la vision revienne tout entière et enveloppe l'âme dans le passé. La femme sait donc bien ce quelle fait quand elle vous donne une fleur de son corsage, un chiffon de sa parure, quoi que ce soit qui vienne d'elle, en vous quittant. Je sais une boucle de cheveux noirs qui me fut envoyée par une dont je n'étais encore que l'ami cependant, et que je ne sacrifierais pas à ce que j'envie le plus au monde. Je connais l'objection qu'on fait à cette piété. Ne convient-il pas de laisser la place nette aux amours nouvelles, et faut-il élever cette façon de cimetière entre vous et celle qui vient à vous le sourire à la bouche et le cœur grand ouvert? Hélas! Il n'y a que les imbéciles qui s'imaginent qu'on peut recommencer sa vie et se débarrasser de ce qui fit les anciens jours dans une façon de vestiaire où l'on ne reviendra jamais. Jeter au vent la cendre des passions éteintes ne fera pas qu'elles ne vous aient consumé et pris une partie de vous-même. Les femmes qui regardent, comme une preuve d'amour, l'oubli de toutes celles qui les ont précédées dans le cœur d'un homme, se trompent. C'est simplement une preuve d'impuissance affectueuse qu'elles recueillent. Qui les assure de laisser une trace durable là ou d'autres pas se sont effacés ? Deux femmes n'ayant jamais été aimées de la même façon, je ne vois pas d'ailleurs en quoi cela leur importe. C'est une thèse que j'ai déjà soutenue ici pour montrer le néant de la jalousie.

III

C'est au point de vue physique surtout que cela est vrai, et ceci n'est pas le point le moins délicat du sujet que j'ai abordé. Je n'ai jamais pu m'expliquer mon peu de goût pour Horace que je tiens cependant pour un grand lyrique. Mais je ne serais pas étonné qu'il provînt de l'indignation où me mit un certain passage de lui, celui où il recommande le bonheur facile d'évoquer, dans les bras d'une courtisane, l'impression menteuse de la femme aimée. Il affirme qu'il lui suffit de fermer les yeux pour que l'illusion soit complète. L'animal ! Et tout ce qui vient de celle qu'on aime autrement que par la vue, tout ce qui vous emplit de frissons à son approche, tout ce qui vous brûle la poitrine dans l'air qu'elle respire, le parfum de son corps, la caresse de son souffle, le toucher enveloppant de sa peau! Je ne puis pardonner, même à un grand poète, cette malpropre imagination. Outre que je considère cela comme une improbité d'âme épouvantable. Et je ne suis pas seul de mon avis; car Moïse, qui n'était pas un petit esprit, classe parmi les plus grands crimes devant l'Eternel, le fait de désunir ainsi son esprit et sa chair dans l'acte où, plus que dans tout autre, ils doivent demeurer confondus. Si l'amour doit être, pour les gens sensés, l'occupation de toute la vie, c'est que chaque femme y apporte un élément personnel que les natures grossières et mal douées, seules, ne perçoivent pas, confondant leurs impressions dans la monotonie d'un plaisir tout superficiel. Mais pour ceux qui y cherchent, plus loin, un contact plus profondément sensuel, chaque maîtresse nouvelle est un être à part, profondément différent de toutes les autres, qui ne doit et ne peut les rappeler en rien, qui logiquement ne saurait être jalouse du souvenir qu'elles ont laissé. Ceci est pour protester contre l'effroyable dicton populaire qui dit : « qu'un clou chasse l'autre » et qui a l'avantage de représenter le cœur sous l'aspect glorieux d'un trou juste assez grand pour une cheville. Comme j'aime mieux me l'imaginer pareil à une large cible où les flèches se pressent à côté les unes des autres, frémissantes et l'enveloppant d'ailes, jusqu'à ce qu'il ne soit plus qu'une immense blessure où chaque trait nouveau réveille un tressaillement ! Celui-là n'a besoin de rien pour oublier qui croit qu'une femme en peut faire oublier une autre, et la femme qui souhaite cela ne mérite pas d'être aimée.

IV

Laissons-donc, en amour surtout, la place bien large au souvenir qui lui est ce qu'est à la fleur le parfum qui lui survit. Ne faisons pas de notre cœur une de ces chambres de morts où l'on se croit obligé de changer l'air avant d'y laisser rentrer les vivants. Les passions que les femmes nous inspirent traversent des phases, mais elles veillissent avec nous, ne devant s'éteindre qu'avec notre dernier souffle. Ce qui nous sépare d'elles ne nous en sépare pas tout entiers. La mémoire les ramène à nous, réveillant sur leurs pas le cortège de tendresses passées. Qui sait si la mort n'est pas un printemps où nous reviendront toutes ces hirondelles !

FIN

TABLE

TABLE

PREMIÉRE PARTIE

NOUVELLES MÉLANCOLIQUES

Serments d'amour............	9
Maison déserte	19
Affaire d'honneur............	32
La Morte homicide............	43
Un Petit-Fils d'Hercule........	60
Musique de chambre..........	73
Idylle bourgeoise............	85

Le Te-Deum 95
Le Ballet des Étoiles 106
Solde de compte 117
La Bruyère blanche 129
Galanterie d'Antan 140
Mélancolie d'Avril 150
Cas de Conscience 161
Une Forêt vierge. 174
Hamsah 185
Musique militaire. 195
Consolation 204

DEUXIÈME PARTIE

PHYSIOLOGIE SENTIMENTALE

Le Désir 215
L'Aveu 224
Le Baiser 233

TABLE 301

L'Amour. 241
La Jalousie 251
L'Amitié. 260
Le Don-Juanisme. 270
Amour d'Hiver. 279
Le Souvenir. 288

IMPRIMÉ

PAR

P. MOUILLOT,

A

PARIS

CHARAVAY FRÈRES, LIBRAIRES-ÉDITEURS

Collection à trois francs cinquante

ROMANS

ISOLINE ET LA FLEUR SERPENT, par Judith Gautier. 1 vol. illustré par Auguste Constantin et Frédéric Régamey (troisième édition).

LA DAME D'ENTREMONT, récit du temps de Charles IX, par Ernest d'Hervilly. 1 vol. illustré par F. Régamey et A. Normand. (Vient de paraître.)

LE CAPITAINE SANS FAÇON, épisode de la contre-Révolution, 1813, par Gilbert-Augustin Thierry. 1 vol. illustré par Gaucherel, Frédéric Régamey et A. Normand (cinquième édition).

DIOGÈNE LE CHIEN, par Paul Hervieu. 1 vol. illustré par Tofani (cinquième édition).

MADAME CALIBAN, par Alfred Bonsergent. 1 vol. de 400 pages, illustré par Tofani. (Vient de paraître.)

MIETTE ET BROSCOCO, par Alfred Bonsergent. 1 vol. de 360 pages.

LE DERNIER SCAPIN, par Richard Lesclide. 1 vol. illustré par Fréd. Régamey et Tofani.

ROMANS DAUPHINOIS, par Léon Barracand. 1 vol. illustré par Tofani.

NOUVELLES PARISIENNES, par Philippe Chaperon. 1 vol. illustré par Tofani (troisième édition).

LÉGENDES DE FONTAINEBLEAU, par Madame Julie O. Lavergne. 1 vol. in-18 jésus de 512 pages.

ROBERT, par Clément Richel. 1 vol. de 300 pages.

RANZA, par Henri Welschinger. 1 vol. de 350 pages.

DIVERS

SOUVENIRS DE LA COMMUNE (1871), par Edgar Monteil. 1 vol. de 350 pages, illustré par Tofani (quatrième édition). (Vient de paraître.)

GRANDES DAMES ET PÉCHERESSES, études d'histoire et de mœurs au XVIIIe siècle, d'après des documents inédits, par Honoré Bonhomme. 1 vol. de 380 pages. (Vient de paraître).

Paris. — Imprimerie P. Mouillot, 13, quai Voltaire. — 86474.

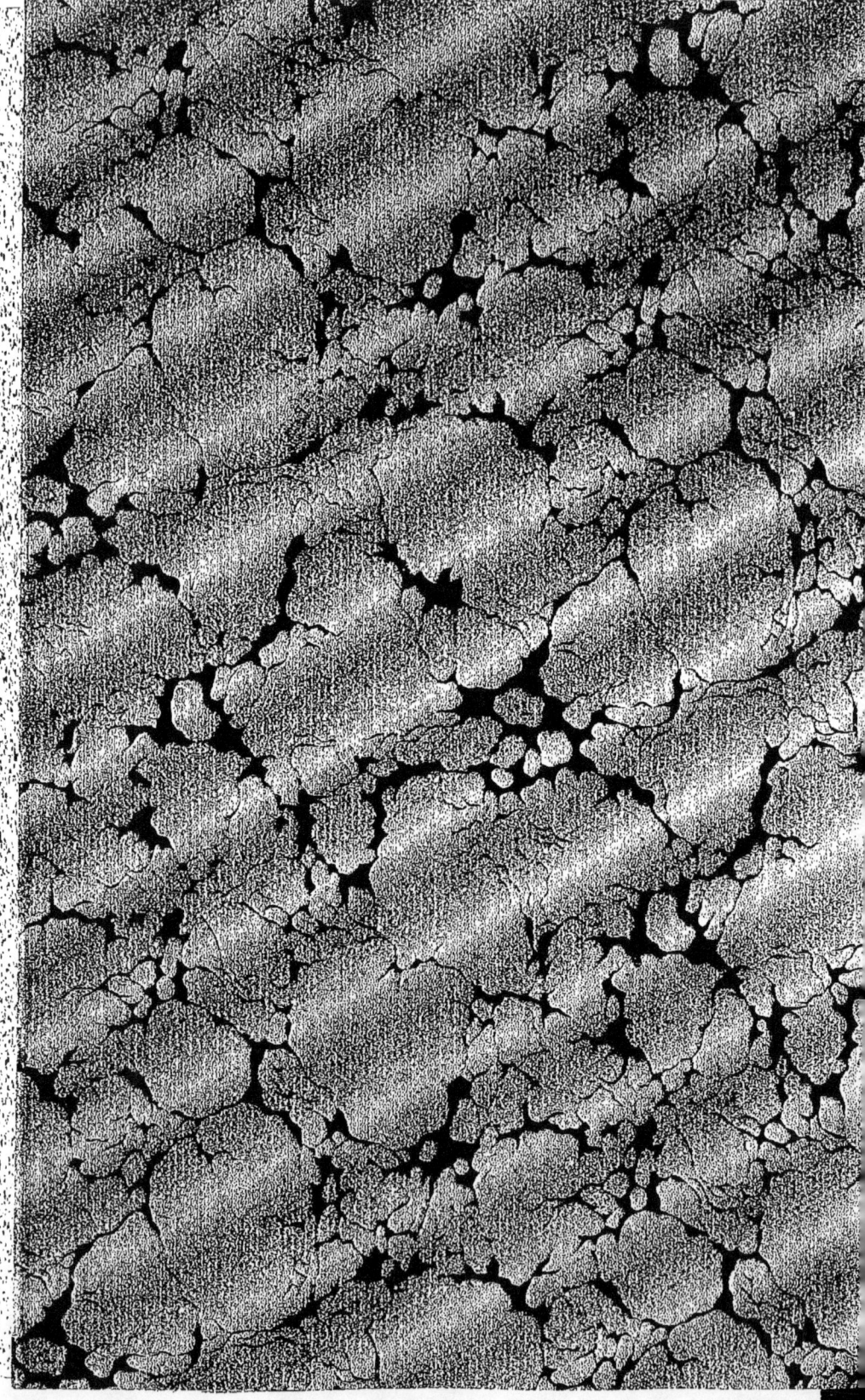

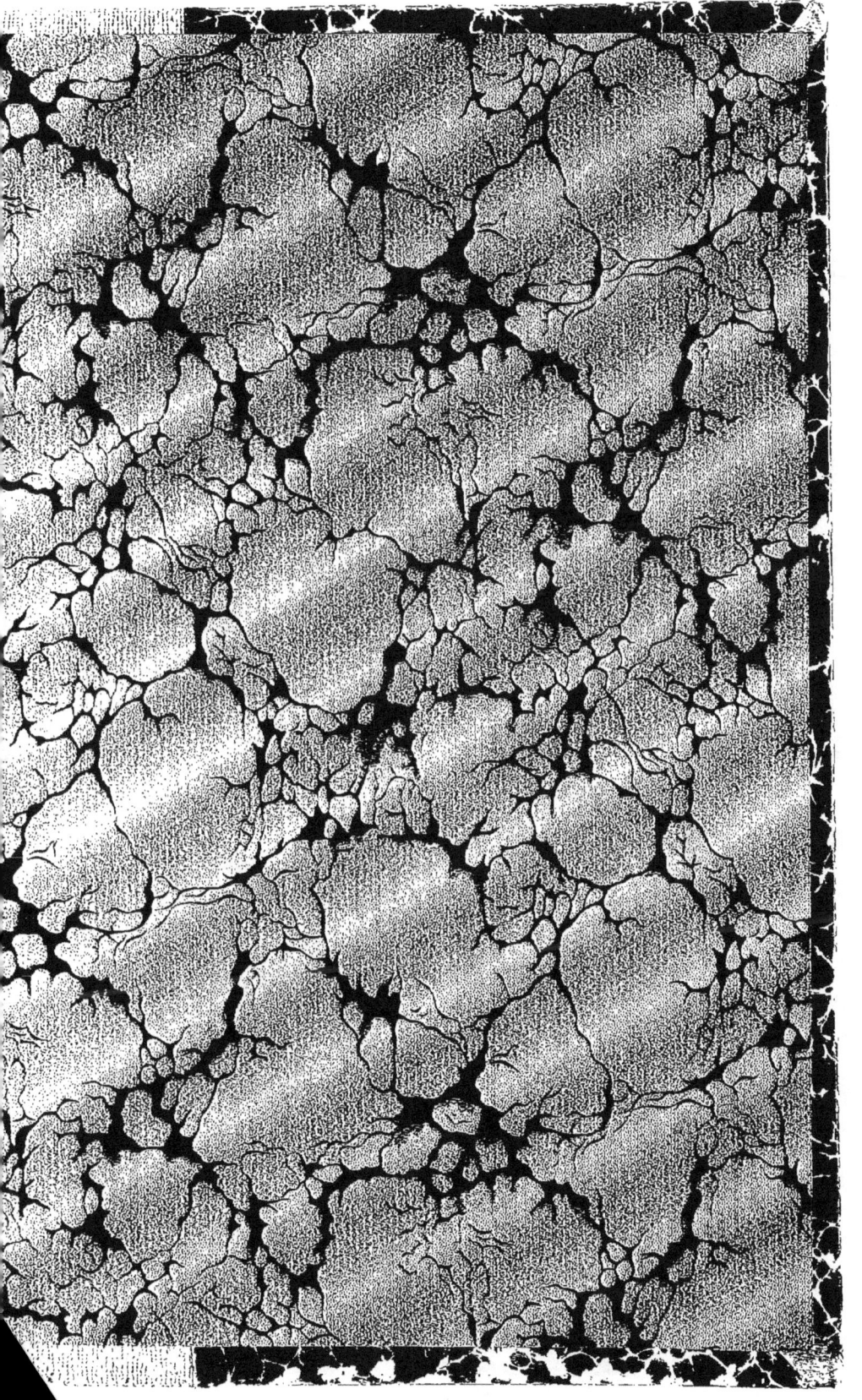

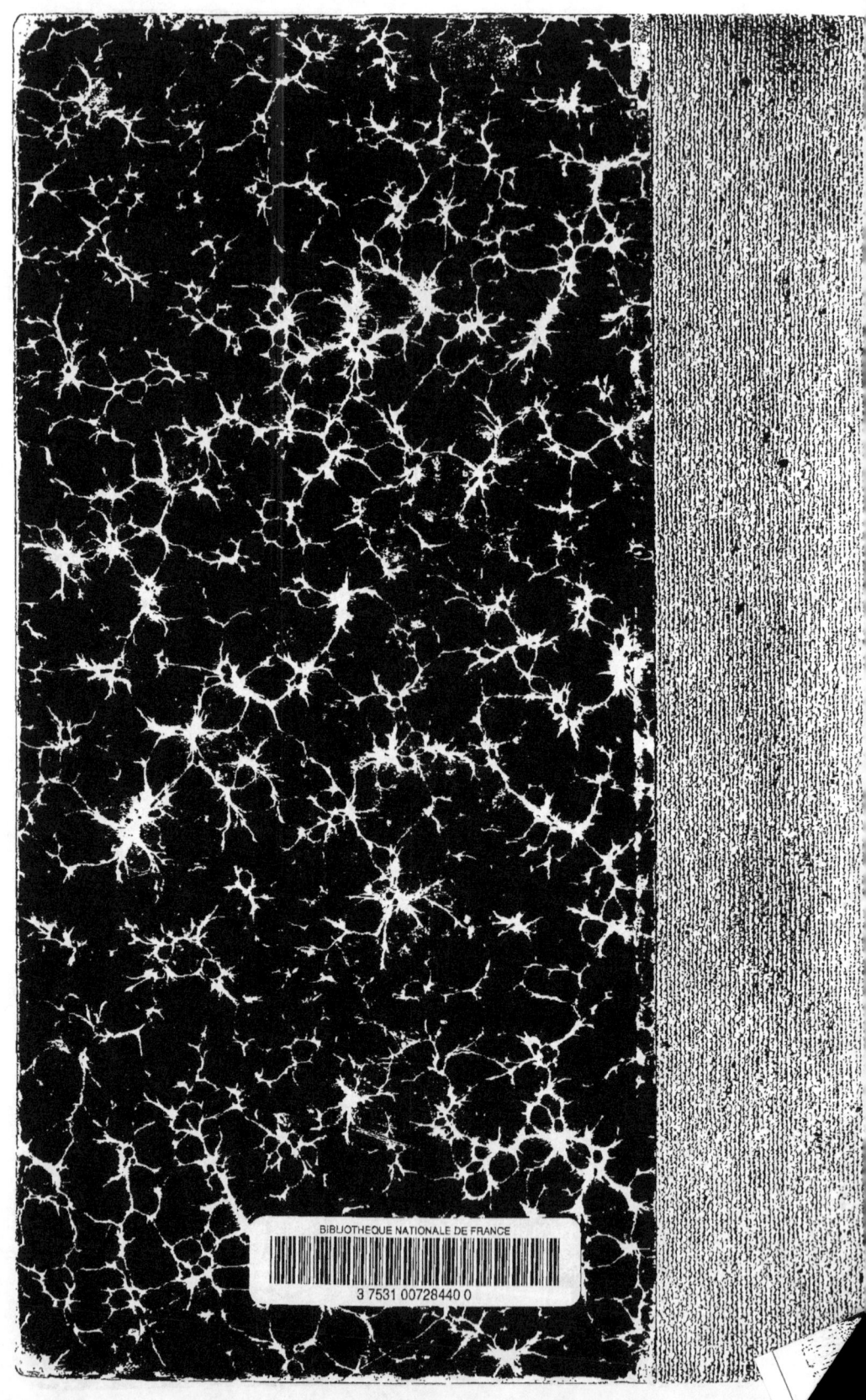

www.ingramcontent.com/pod-product-compliance
Lightning Source LLC
Chambersburg PA
CBHW071337150426
43191CB00007B/769